ÜBER DEN TRAUM

Studienmaterial
zur anthroposophisch orientierten Geisteswissenschaft

RUDOLF STEINER

Studienmaterial aus dem Gesamtwerk

# ÜBER DEN TRAUM

und seine Entwicklung
zum bewußten höheren Wahrnehmen

Zusammengestellt
und herausgegeben von
Herbert Senft

VERLAG DIE PFORTE

Die Wiedergabe der Wortlaute von Rudolf Steiner erfolgt mit
freundlicher Genehmigung der Rudolf Steiner-Nachlaßverwaltung,
Dornach / Schweiz

1. Auflage 1997

© Copyright für die Zitate aus der Rudolf Steiner Gesamtausgabe
bei der Rudolf Steiner-Nachlaßverwaltung, Dornach / Schweiz
© Copyright für diese Zusammenstellung
1997 bei Verlag Die Pforte (im Rudolf Steiner Verlag), Dornach / Schweiz

Alle Rechte, besonders der Übersetzung sowie die des auszugsweisen Nachdrucks
und der elektronischen oder photomechanischen Wiedergabe, vorbehalten

Satz: Verlag. Printed in Germany by Greiserdruck Rastatt

ISBN 3-85636-120-0

# INHALT

Vorbemerkung . . . . . . . . . . . . . . . . . 9

## I. Der Traumzustand . . . . . . . . . . . . . . 13
Wirklichkeitsbewußtsein im Traumzustand . . . . . . . 13
Der Traumzustand – ein Zwischenzustand . . . . . . . 14
Das Fühlen – auch ein Traumzustand . . . . . . . . . 17
Entstehung des Traumbewußtseins . . . . . . . . . . 18
Das Traumbewußtsein – Überrest des alten Bilderbewußtseins 20

## II. Vom Wesen der Träume
und ihren verschiedenen Inhalten . . . . . . 23
Die Sinnesreiz-Träume . . . . . . . . . . . . . . . 23
Träume von Körperzuständen . . . . . . . . . . . 25
Der Traum zwischen der Welt der Naturgesetze und der
Welt des Geistes . . . . . . . . . . . . . . . . 26
Traumbilder aus der Astral- oder Seelenwelt . . . . . . 31
Träume von vergangenen Erdenleben . . . . . . . . . 38
Erinnerungsbildung und Traum . . . . . . . . . . . 41
   Der Traum als Stauungsphänomen . . . . . . . . . 41
   Vom Einfluß der Tageserinnerungen auf die Traum-
   bildung. . . . . . . . . . . . . . . . . . . . 46
Die verwandelnde Kraft in den Träumen . . . . . . . . 50
Vom Erleben zum Verstehen des Traumes . . . . . . . 52
Warum Logik und Moral im Traumleben schweigen . . . . 58
Das Wirken von Ich und Astralleib im Traum . . . . . . 62

## III. Der Traum und seine Bedeutung
für das individuelle menschliche Leben . . . 70
Die Schlaferlebnisse der Seele . . . . . . . . . . . . 71
Der weise Träumer im Menschen . . . . . . . . . . 75

Der Weg zur geistig-moralischen Interpretation des Traumes   80
Wodurch die Aussage des Traumes zur Illusion werden kann   83
Der Traum und die verborgenen Vorgänge in den
  Seelentiefen . . . . . . . . . . . . . . . . .   88
Der Traum als Prophet . . . . . . . . . . . . .   93
Alpträume und der «unbekannte Begleiter» des Menschen . . .   98
Der Traum als Anreger zu künstlerischem Schaffen . . . .  104

IV. DAS TRAUMERLEBEN IM ZUSAMMENHANG MIT
    DEM HÖHEREN ERKENNEN . . . . . . . . . . . . 110

Exakte Beobachtung als Brücke zur übersinnlichen
  Erkenntnis des Menschen . . . . . . . . . . . . 110
Das Traumbewußtsein als chaotisches Gegenbild geistiger
  Erfahrung . . . . . . . . . . . . . . . . . . 117
Der Traum als unbewußtes Schauen des Ätherischen . . . 123
Das bewußte übersinnliche Wahrnehmen der ätherischen
  Welt . . . . . . . . . . . . . . . . . . . . 126
Das Offenbarwerden des Astralischen im Traum, verglichen
  mit dem höheren Wahrnehmen . . . . . . . . . 130
«Von dem Erkennen der geistigen Welt» . . . . . . . 134
Erste Erfahrungen beim Hellsehen, verglichen mit dem
  Träumen – oder: Träumen von Verstorbenen . . . . . 138
Die Erweckung des Traumbewußtseins zum übersinnlichen
  Wahrnehmen . . . . . . . . . . . . . . . . . 142
  1. . . . durch Aufnahme geisteswissenschaftlicher Vor-
     stellungen . . . . . . . . . . . . . . . . . 142
  2. . . . durch Betreten des okkulten Schulungsweges . . . 143
  3. . . . durch Läuterung des Traumlebens innerhalb der
     okkulten Schulung . . . . . . . . . . . . . . 148

V. DAS WESEN DER TRAUMREGION . . . . . . . . . 159

Erlebnisse an der Schwelle zur höheren Welt . . . . . . 160
Weitere Grunderfahrungen in der Traumregion . . . . . 168
Die Grundvoraussetzungen für das Leben und Erkennen
  in der elementarischen Welt, der Traumregion . . . . . 174
Die Begegnung mit dem «großen Hüter der Schwelle» . . . 181

Schlußwort . . . . . . . . . . . . . . 188

Titelübersicht
 Verwendete Bände der Rudolf Steiner Gesamtausgabe,
 nach Bibliographie-Nummern . . . . . . . . . . . . 190

## VORBEMERKUNG

Der Traum ist mit seinen Bildern für uns eine ständige Frage, eine Frage nach dem Woher der Bilder, die uns zwar bekannt vorkommen, die uns aber in ihrer Zusammenstellung Rätsel aufgeben: Was mögen sie bedeuten, was wollen sie uns sagen?

Manchmal sind wir tief bedrückt von einem Traumerlebnis, manchmal aber auch hoch beglückt, manchmal fühlen wir uns wie geheilt von einem Kummer. Zuweilen schenkt uns der Traum eine Erkenntnis beim Erwachen. Sind wir an diesen Vorgängen selbst irgendwie beteiligt, oder sind hier lauter Zufälle am Werk?

Wie gern möchten wir uns genau an unsere Träume erinnern können, doch leider vergessen wir sie in den meisten Fällen sehr schnell. Warum ist das so? Fragen über Fragen tauchen auf. Was da an Verwunderungswürdigem und Staunenerregendem aus dem Schlaf- und Traumleben in das Wachleben hereinragt, möchten wir objektiv erkennen können. Dazu aber sind wir zunächst nicht in der Lage, weil der kombinierende Verstand – wissenschaftlich geschult an sinnlich wahrnehmbaren Dingen – nicht das richtige Mittel ist, in diese uns so nahe und doch auch wieder fremde Welt, mit der wir unbewußt so eng zusammenhängen und aus der uns so viel zuströmt, bewußt und real einzudringen.

Rudolf Steiner sagt an einer Stelle in seinen Vorträgen über «Initiations-Erkenntnis» *(GA 227, S. 82):* «Dieses Traumleben, das so wenig Bedeutung für die unmittelbare Wirklichkeit des Alltags haben kann, hat aber für die tiefere Erkenntnis sowohl der Welt, wie auch des Menschen, die denkbar größte Bedeutung.»

Dieser «denkbar größten Bedeutung» auf die Spur zu kommen, über siebzig Jahre nach Rudolf Steiners Tod, ist das eigentliche Ziel dieser Arbeit. Dieses Ziel ist aber nur zu erreichen, wenn wir unsere Vorurteile gegenüber dem Träumen als einem nicht ganz ernstzunehmenden Geschehen aufgeben – auch die wissenschaftlichen Urteile unserer Gegenwart darüber zunächst beiseite lassen – und ganz offen werden für die geisteswissenschaftlichen Darstellungen des gesamten Traumgeschehens. Diese geisteswissenschaftlichen Darstellungen Rudolf Steiners, die hier zusammengestellt wurden, sind uns vielleicht zunächst ungewohnt und scheinen auf den ersten Blick für das eigentliche Traumverständnis nicht relevant zu sein. Doch wenn wir bereit sind, die angeführten Aussagen in ihrer unerwartet großen Breite und ihren vielfältigen Zusammenhängen meditativ und in Geduld vor unser Bewußtsein zu stellen, können wir uns dem umfassenden spirituellen Verständnis der «denkbar größten Bedeutung» des Traumlebens «für die tiefere Erkenntnis sowohl der Welt wie auch des Menschen» nähern. Die vorliegende Arbeit möchte eine Hilfe dabei sein.

*   *
*

Rudolf Steiner hat in seinem Gesamtwerk, das im ersten Viertel dieses Jahrhunderts entstand, in den verschiedensten Zusammenhängen immer wieder über den Traum gesprochen und so einen unvermutet großen und umfassenden Beitrag zur Erforschung dieses Themas geleistet.

Diesen geisteswissenschaftlichen Beitrag Rudolf Steiners nach bestimmten Gesichtspunkten zu ordnen, habe ich mit dieser Arbeit versucht. Überschneidungen und Wiederholungen ließen sich bei diesem Verfahren nicht immer vermeiden. Dennoch: das Positive dabei ist, daß der in einem andern Vortrag jeweils wieder neu dargestellte Gesichtspunkt dem Leser einen zusätzlichen lebendig-beweglichen Zugang zum Traumverständnis vermitteln kann.

Die unzähligen Angaben über den Traum, die hier allerdings nicht alle berücksichtigt werden konnten, fügen sich aber gleichwohl nach und nach zu einem überschaubaren Ganzen zusammen. Diese überschaubare Ganzheit gründet sich in der umfassenden anthroposophischen Menschen- und Welterkenntnis, die unter anderem auch der in der Praxis bewährten anthroposophischen Medizin zugrunde liegt. So darf man hoffen, daß der Anspruch auf Objektivität des gewonnenen Bildes vom Traumgeschehen gerechtfertigt ist.

Neben den angeführten Zitaten aus Rudolf Steiners Schriften und Vorträgen (gekennzeichnet durch Anführungszeichen: « ») habe ich Rudolf Steiners Aussagen manchmal auch aus einem anderen, größeren Zusammenhang herausnehmen und in Anpassung an den jeweiligen Ordnungsgesichtspunkt kürzen oder teilweise mit meinen eigenen Worten ausdrücken müssen. Diese Stellen stehen in einfachen Anführungszeichen (' '). Hier wie auch bei den wörtlichen Zitaten wird jeweils am Schluß einer zusammenhängenden Aussage auf den Band der Rudolf Steiner Gesamtausgabe verwiesen, dem der entsprechende Text entnommen ist (GA-Nr. und Seitenzahl). Eine Aufstellung aller verwendeten Bände findet sich am Schluß des Buches.

Die verschiedenen Einleitungen oder Überleitungen zu den Hauptkapiteln oder deren einzelnen Abschnitten sollen die jeweilige Fragestellung verdeutlichen und sind in eigenen Worten ausgedrückt, ausgehend vom Zusammenhang des Themas «Traum» mit der gesamten anthroposophischen Menschenkunde und Weltanschauung. Dabei ist die jeweilige Stufe des Aufbaues in dieser Zusammenstellung berücksichtigt worden.

So soll die Traumproblematik gleichsam schrittweise dargestellt werden, damit der Leser nicht von der kaum faßbaren Fülle der Aussagen zum Thema «Traum» erdrückt werde. Daher sind die Zitate auch so gewählt, daß sie die Grundbegriffe sowohl für die anthroposophische Menschenkunde wie auch für die geisteswissenschaftliche Sicht der Menschheits- und Weltentwicklung enthalten, um damit das Verständnis der seelischen Vorgänge im Traumerleben so umfassend wie möglich zu unterstützen.

Der spirituelle Beziehungsreichtum der in diesem Buch enthaltenen Aussagen kann vielleicht erst bei einem wiederholten Lesen in der eigenen Seele wirklich lebendig und fruchtbar werden. Ein weiterer wichtiger Schritt könnte darin bestehen, die jeweiligen größeren Zusammenhänge innerhalb der am Schluß dieser Ausgabe aufgeführten Schriften- und Vortragsbände aufzusuchen und aufzunehmen, denen die hier wiedergegebenen Wortlaute entstammen.

Ich wünsche allen Lesern gute Erfahrungen mit ihrem eigenen Traumerleben und dem Studium desselben aus der Sicht der Anthroposophie, denn beides, das Träumen und das Studium, sind verborgene Geschenke für unseren Entwicklungsweg.

*Nordholz, Frühjahr 1997*　　　　　　　　　　　　　*Herbert Senft*

# I. TRAUMZUSTAND

## WIRKLICHKEITSBEWUSSTSEIN IM TRAUMZUSTAND

'Es gibt eine Eigentümlichkeit des Traumes, die schon bei einer äußerlichen Betrachtung darauf hinweisen kann, welche Stellung die Seele zur Welt hat, indem sie träumt. Derjenige, der den schlafenden Menschen betrachtet, kann sehen, daß der Schlafende völlig abgeschlossen ist sowohl von seinem eigenen Leibesleben als auch von dem Leben seiner Umgebung, die er im Wachzustand sehr genau erlebt. Beide Bereiche schweigen während des Schlafes. Im Traum – und das hat jeder Mensch schon erleben können – wogen zwar Bilder auf und ab, aber dieses eigentümliche Verhältnis zur Außenwelt, das sich in diesen Bildern ausdrückt, ändert sich nicht. Im Traumleben kommt der Mensch nämlich nie zu einem solchen Verhältnis zu seiner äußeren Umgebung wie im Wachzustand. Im Wachzustand sieht der Mensch dies oder jenes klar und deutlich, kann es einordnen und benennen – heute so wie gestern und zukünftig –, indem er seine Sinne wachend der Außenwelt öffnet.

Im Traum sind die Bilder nie den entsprechenden Gegenständen eindeutig und bleibend zugeordnet. Hört zum Beispiel ein Schlafender einen Knall von einem herabfallenden Gegenstand, so träumt der Mensch ganz gewiß nichts von diesem bestimmten Gegenstand, sondern immer von etwas ganz anderem, das diesen Knall verursacht haben könnte, zum Beispiel von einem Peitschenknall oder einem Hammerschlag etc. Was also gerade die Sinne im Wachzustand aus den äußeren Eindrücken machen, und zwar eine eindeutige, entsprechende Wahrnehmung, das geschieht im Traum nie. Der Traum tut dagegen etwas anderes: das Seelische setzt ein Sinnbild, ein Symbol an die Stelle einer klaren, eindeutigen Wahrnehmung. Es verändert sich dadurch also nicht das Abgeschlossensein von der Außenwelt, das heißt, der Mensch bleibt im Traum von der Außenwelt so abgeschlossen, wie er es auch im Schlafe ist.

Ebenso bleibt er von seiner eigenen Leiblichkeit abgeschlossen, denn auch dasjenige, was von der eigenen Leiblichkeit aufsteigt, kommt nicht in unmittelbarer Weise zum Ausdruck, wie wenn man in normaler Art mit seinem Leibe verbunden ist. Wenn man zum Beispiel durch eine dicke Decke zu warme Füße bekommt, so würde man im gewöhnlichen, wachen Zustande spüren, daß die Füße zu warm werden. Das aber spürt man im Traum nicht so, sondern man glaubt, daß man zum Beispiel über glühende Kohlen oder dergleichen ginge. Wiederum ist es die Umwandlung eines bestimmten Geschehens in ein symbolisches Geschehen, die die Seele jedesmal leistet, und damit immer den Effekt des Abgeschlossenseins vom eigenen Körpergeschehen bewirkt.

So sehr man sich auch bemühen wird, bloß mit den Mitteln und Quellen der äußeren Wissenschaft an den Traum heranzukommen, man kann es nicht, aus dem Grunde, weil man den Traum nicht mit dem Wachzustand gleichsetzen kann. Der Traum ist ein eigenständiger Bewußtseinszustand und tritt tatsächlich wie eine Art Wunder in die gewöhnliche Welt hinein. Das ist das Wesentliche.' *(s. GA 67, S. 232–234)*


### DER TRAUMZUSTAND – EIN ZWISCHENZUSTAND

Wenn man den Traumzustand in seiner Eigenart genau erkennen will, muß man ihn im Zusammenhang sehen mit dem Wachen und dem Schlafen des Menschen. Den Wachzustand kennt jeder aus seiner täglichen Erfahrung. Er sieht zum Beispiel einen Baum in seinem Garten. Er kann ihn mit der Hand berühren, er kann den Duft riechen, seine Früchte schmecken. Seine Sinne vermitteln ihm eine ganz bewußte Wahrnehmung des Baumes. Wendet er sich von dem Baume ab, dann kann er sich den Baum anschließend wieder genau vorstellen. Sinneswahrnehmung und Vorstellung werden dann der Inhalt seines Wachbewußtseins. Lange zurückliegende Wahrnehmungen und Vorstellungen kann sich der Mensch durch sein Gedächtnis wieder in sein Bewußtsein rufen, sich wieder vorstellen. Das Wachsein beruht also auf der Sinneswahrnehmung und dem vorstellenden Denken. Nichts in seinem Bewußtsein ist so wach wie das konzentrierte Denken, das aufmerksame Beobachten oder das exakte Erinnern.

Anders ist das bei dem Fühlen. Wenn wir einen Gegenstand oder ein Geschehen in unserer Umgebung wahrnehmen, stellt sich in unserem Innern immer ein Gefühl des Gefallens oder des Mißfallens ein. Ein Sonnenaufgang, der den ganzen Himmel in eine zartrosa Farbe taucht, geht uns freudig zu Herzen. Ein abgebranntes Wohnhaus dagegen, bereitet uns ein schmerzvolles Mitgefühl. Gefühle begleiten uns den ganzen Tag. Sie stellen sich wie von selbst ein, sie kommen und gehen und verwandeln sich. Das Fühlen steuern wir nicht bewußt wie das Denken, obschon wir den Gefühlen auch nicht immer freien Lauf geben dürfen. Wir sind also im Fühlen nicht so wach wie im Denken.

Noch weniger wach als im Fühlen sind wir im Wollen. Ein Willensentschluß, eine Vorstellung von dem, was wir wollen, ist zwar in unserem Bewußtsein, aber was in unseren Händen, in unseren Beinen eigentlich geschieht beim Ausführen unseres Entschlusses, davon können wir ebensowenig etwas spüren wie von den Verdauungsvorgängen in unserem Stoffwechselsystem. Willensvorgänge in uns sind uns nicht bewußt, sind wie schlafend in uns.

Denken, Fühlen und Wollen repräsentieren also drei verschiedene Grade der Bewußtseinsintensität während des Wachseins.

Der Schlafzustand dagegen ist, bezogen auf die Bewußtseinsintensität, völlig einheitlich. Unser seelisches Erleben ist im wahrsten Sinne des Wortes eingeschlafen. Wir sind ohne Bewußtsein und können uns auch beim Erwachen an nichts mehr erinnern, auch das Ichbewußtsein ist im Schlafe nicht vorhanden.

Zwischen dem hellen, klaren Tagesbewußtsein und dem völlig unbewußten Schlaf liegt nun das Traumbewußtsein. Dieses Bewußtsein ist also ein Zwischenzustand: der Träumende ist nicht ganz wach und nicht ganz schlafend.

Aus der Betrachtung der Traumerlebnisse ergibt sich, daß der Traumzustand ein Zwischenzustand ist:

«Was die Traumerlebnisse einer sinnigen Betrachtung darbieten, ist das bunte Durcheinanderwogen einer Bilderwelt, das aber doch auch etwas von Regel und Gesetz in sich birgt. Aufsteigen und Abfluten, oft in wirrer Folge, scheint zunächst diese Welt zu zeigen. Losgebunden ist der Mensch in seinem Traumleben von dem Gesetz des wachen Bewußtseins, das ihn kettet an die Wahrnehmung der Sinne und an die Regeln seiner Urteilskraft. Und doch hat der Traum etwas von geheimnisvollen Gesetzen, welche der menschlichen Ahnung reizvoll und anziehend sind und welche die tiefere Ursache davon sind, daß man das schöne Spiel der Phantasie, wie es künstlerischem Empfinden zugrunde liegt, immer gern mit dem ‹Träumen› vergleicht. Man braucht sich nur an einige kennzeichnende Träume zu erinnern, und man wird das bestätigt finden. Ein Mensch träumt zum Beispiel, daß er einen auf ihn losstürzenden Hund verjage. Er wacht auf und findet sich eben noch dabei, wie er unbewußt einen Teil der Bettdecke von sich abscheidet, die sich an eine ungewohnte Stelle seines Körpers gelegt hat und die ihm deshalb lästig geworden ist. Was macht da das Traumleben aus dem sinnlich wahrnehmbaren Vorgang? Was die Sinne im wachen Zustande wahrnehmen würden, läßt das Schlafleben zunächst völlig im Unbewußten liegen. Es hält aber etwas Wesentliches fest, nämlich die Tatsache, daß der Mensch etwas von sich *abwehren* will. Und um dieses herum spinnt es einen bildhaften Vorgang.» *(GA 13, S. 89/90)*

## DAS FÜHLEN – AUCH EIN TRAUMZUSTAND

Wir haben in großen Zügen die drei Bewußtseinszustände betrachtet und dabei festgestellt, daß es drei Grade von Bewußtseinsintensität gibt: Wachen, Träumen und Schlafen. Diese drei Bewußtseinsgrade fanden wir bei genauerem Hinsehen wiederholt in den drei Erlebensformen des Seelischen im Wachzustand: im Vorstellen, im Fühlen und im Wollen. Im Vorstellen sind wir ganz wach, im Wollen schlafend, und im Fühlen sind wir wie träumend, «nur daß wir unsere Gefühle zugleich mit Vorstellungen begleiten. In dem Augenblick, wo wir über ein Traumbild, das wir gehabt haben, uns eine Vorstellung machen, fällt das Licht der Vorstellung auf den Traum; dann wird der Traum vollbewußt, dann ordnen wir ihn auch richtig ein in das menschliche Leben. Das tun wir fortwährend mit unserm Gefühlsleben. Wir ordnen unsere Gefühle durch die ihnen parallel gehenden Vorstellungen ein in das Leben, aber diese Gefühle werden für sich in keiner andern Intensität, in keinem andern Verhältnis zum Seelenleben erlebt als die Träume, so daß wir sagen können: Das Traumleben setzt sich fort in unser waches Tagesbewußtsein und wird träumend unsere Gefühlswelt.» *(GA 67, S. 193)*

'Das Träumen wie das Fühlen sind von unserem Denken unabhängig. Sie folgen nämlich ganz anderen als den logischen Gesetzen. Der dramatische Ablauf der Träume in ihrer Phantastik, ihrer Spannung, ihren Katastrophen oder oft wunderbaren Lösungen haben eine außerordentlich starke Ähnlichkeit mit dem Gefühlsleben. Würden wir im wachenden Zustande gewissermaßen nur fühlen können, so würden zwar die Gefühle den Traumbildern nicht ähnlich sein, aber ihre innere Dramatik, Spannungen, ihre Impulse und Wünsche, die Zartheit und Intimität ihres inneren auf- und abwogenden verborgenen Erwartens oder Verzichtens würden sich dem Fühlen ebenso darstellen', «wie sie auch im Träumen auftreten, nur daß der Traum in Bildern lebt und das Gefühlsleben, in jenen eigentümlichen Erlebnissen, die wir mit den Ausdrücken der inneren Empfindung des Gefühls benennen. So daß wir Fühlen und das eigentliche Träumen zum Traumzustand rechnen können im gegenwärtigen Bewußtsein der Menschheit.» *(GA 228, S. 95)*

'Dennoch könnte man annehmen, daß das Gefühl ein helleres Bewußtsein repräsentiere als der Traum, weil wir doch fühlend nicht im Schlafzustand, sondern im Wachzustand seien. Doch wir glauben nur, wir hätten ein helleres Bewußtsein von unseren Gefühlen als von unseren Träumen. Der gleichwertige Bewußtseinsgrad beider offenbart sich nämlich in ihrem gleichen Verhältnis zum Vorstellen.' «Wenn wir, wachwerdend, uns erinnern und von den Träumen wache Vorstellungen bilden, da haben wir nicht den Traum erhascht. Der Traum ist viel reicher als dasjenige, was wir dann von ihm vorstellen. Ebenso ist die Gefühlswelt in sich unendlich viel reicher als dasjenige, was wir an Vorstellungen von dieser Gefühlswelt in uns präsent, gegenwärtig machen.» *(GA 235, S. 102)*

Somit sind wir mit unserem Vorstellungsvermögen gleichweit von den Träumen wie von den Gefühlen entfernt, eben weil sie beide einem anderen als dem Wachzustand angehören: dem Traumzustand. Gefühle und Träume sind einander so wesensnah, daß wir von unseren Gefühlen adäquat träumen können, und tief können wir fühlen, wovon wir in der Nacht geträumt haben.

### ENTSTEHUNG DES TRAUMBEWUSSTSEINS

Unsere uns gewohnte phänomenologische Betrachtung des Traumzustandes muß durch eine geisteswissenschaftliche ergänzt werden, bei der alle Wesensglieder des Menschen – also auch die übersinnlichen – vollbewußt beobachtet werden können, um auf diesem Wege die Entstehung des Traumbewußtseins zu ergründen und zu verstehen. Der Geistesforscher, der seine Seelenfähigkeiten durch besondere Übungen – wie sie Rudolf Steiner ausführlich in dem Buch «Wie erlangt man Erkenntnisse der höheren

Welten?» beschreibt – zum höheren Wahrnehmen entwickelt hat, erkennt vier Wesensglieder am Menschen: den physischen Leib, den Äther- oder Bildekräfteleib, den Astralleib und das Ich. Sie bilden im Wachzustand eine Einheit, nicht aber im Schlafzustand. Im Schlafzustand sind der Astralleib und das Ich vom physischen Leib und dem Bildekräfteleib getrennt, die ihrerseits jedoch vereinigt im Bett zurückbleiben. Der Bildekräfteleib ist mit seiner Tätigkeit an der Regenerierung des physischen Leibes während des Schlafes mitbeteiligt und bleibt auch bis zum Tode mit dem physischen Leib immer fest verbunden, weil er alle Lebens- und Wachstumsvorgänge im physischen Leib von der Geburt an impulsiert und formend aufrechterhält und die Grundlage ist für die Gedächtnisbildung.

Die beiden Gliederpaare haben im Schlaf jeweils für sich allein kein Bewußtsein. Nur wenn die vier Wesensglieder eine Einheit bilden, entsteht daraus für das Ich und den Astralleib das Wachbewußtsein, das den ganzen Tag über andauert bis zum Wiedereinschlafen am Abend. Diese Wachheit ist möglich, weil sich der Astralleib – genau gesprochen – der Sinnesorgane und des Nervensystems des physischen Leibes bedienen kann. Und wie entsteht nun das Traumbewußtsein?

Der Astralleib «ist während des Träumens vom physischen Leibe insofern getrennt, als er keinen Zusammenhang mehr hat mit dessen Sinnesorganen; er hält aber mit dem Ätherleibe noch einen gewissen Zusammenhang aufrecht. Daß die Vorgänge des Astralleibes in Bildern wahrgenommen werden können, das kommt von diesem seinem Zusammenhang mit dem Ätherleibe. In dem Augenblicke, in dem auch dieser Zusammenhang aufhört, versinken die Bilder in das Dunkel der Bewußtlosigkeit, und der traumlose Schlaf ist da. Das Willkürliche und oft Widersinnige der Traumbilder rührt aber davon her, daß der Astralleib wegen seiner Trennung von den Sinnesorganen des physischen Leibes seine Bilder nicht auf die richtigen Gegenstände und Vorgänge der äußeren Umgebung beziehen kann. Besonders klärend ist für diesen Tatbestand die Betrachtung eines solchen Traumes, in dem sich das Ich gewissermaßen spaltet. Wenn jemandem zum Beispiel träumt, er könne als Schüler eine ihm vom Lehrer vorgelegte Frage nicht beantworten, während sie gleich darauf der Lehrer selbst beantwortet. Weil der Träumende sich der Wahrnehmungsorgane seines physischen Leibes nicht bedienen kann, ist er nicht imstande, die beiden Vorgänge auf sich, als denselben Menschen, zu beziehen. Also auch um sich selbst als ein bleibendes Ich zu erkennen, gehört für den Menschen zunächst die Ausrüstung mit äußeren Wahrnehmungsorganen.» *(GA 13, S. 91/92)*

Durch welche Vorgänge im Menschen hört nun das Traumbewußtsein auf? Löst sich beim Einschlafen der Astralleib mit seinen Fühlfäden auch aus dem Bildekräfteleib heraus, dann verschwinden die Bilder des Einschlaftraumes, und der bewußtlose Schlaf beginnt. Oder wenn sich der Astralleib beim Aufwachen – zunächst nur in Verbindung stehend mit dem Ätherleib und die Bilder des Aufwachtraumes erzeugend – auch wieder fest mit dem physischen Leib vereint, hört der Traum auf, und es tritt sofort der Wachzustand ein.


## DAS TRAUMBEWUSSTSEIN –
### ÜBERREST DES ALTEN BILDERBEWUSSTSEINS

«Wenn wir in sehr alte Zeiten der Menschheitsentwickelung zurückgehen – wir brauchen nicht bis zu den Urzeiten der Erdenentwickelung zu gehen, sondern nur etwa bis in das zweite, dritte Jahrtausend vor dem Mysterium von Golgatha –, so finden wir, daß damals die Menschen ein ganz anderes Bewußtsein, eine ganz andere innere Seelenverfassung gehabt haben als später. Jener schroffe Unterschied, der beim gegenwärtigen Menschen besteht zwischen Wachen und Schlafen, war zwar auch vorhanden, allein er war nicht das einzige im menschlichen täglichen Bewußtseinswechsel. Heute kennt der Mensch nur den Wachzustand und den Schlafzustand, zwischendurch die Träume. Aber von diesen Träu-

men muß man sagen, daß zwar in ihnen ein Bewußtseinsinhalt vorhanden ist, der aber vielfach trügerisch ist, und daß jedenfalls dieser Bewußtseinsinhalt der Träume nicht auf irgendeine Wirklichkeit hinweist, die der Mensch ohne weiteres durch sein Tagesbewußtsein unmittelbar kontrollieren kann; mittelbar ja gewiß. Aber außer diesen drei Bewußtseinszuständen, von denen der eine, der Traumzustand, ein sehr fragwürdiger ist, wenigstens für die Erkenntnis, war bei den Menschen eines älteren Zeitalters ein Zwischenzustand vorhanden, der nicht der Traumzustand von heute war, der nicht ein so volles Wachen war wie das heutige Wachen, der aber auch nicht ein volles Schlafen oder halbbewußtes Träumen war, wie es heute da ist, sondern ein bildhaftes Wach-Träumen, könnte man sagen. In diesem Wach-Träumen liefen Bilder ab, wie in unserem Wach-Bewußtsein Gedanken ablaufen. So liefen in gewissen Zeiten bei einer älteren Menschheit im Bewußtsein Bilder ab. Diese Bilder waren in ihren Formen allerdings den Traumbildern von heute ähnlich, aber das, was sie enthielten, wies auf eine ganz ausgesprochene übersinnliche Wirklichkeit hin, wie unsere Wahrnehmungen auf eine physische Wirklichkeit hinweisen. Wie wir wissen, wenn wir ein physisches Wesen mit Farben und Formen wahrnehmen, daß dies ein physisch Wirkliches ist, so erlebte der frühere Mensch Bilder, die sich ebenso frei im Bewußtsein bewegten und ebenso leicht waren wie unsere Traumbilder, die aber durch ihren Inhalt einen Hinweis auf eine geistige Wirklichkeit selber verbürgten.»
*(GA 215, S. 109/110)*

Daraus ersehen wir, daß im Grunde genommen unser heutiges Träumen eine übersinnliche Fähigkeit ist, die aus alter Zeit uns geblieben und in mehr versteckter Weise während unseres Schlafens immer noch tätig ist, ja sogar in vielen Fällen in ganz verborgener Art uns etwas sagen will – wenn wir in der rechten Art auf unsere Träume zu schauen vermögen.

Um das nun zu erreichen, soll im nächsten Kapitel dargestellt werden, worauf das zum Träumen degenerierte alte Hellsehen seinen Blick richtet, von welchen nächtlichen Erlebnissen, Tätigkeiten und Begegnungen die Seele uns in den Träumen erzählen will. Daher soll beschrieben werden, wann ein Traum entsteht, woher die Traumbilder kommen, welchen Charakter sie haben und worauf wir achten müssen, um den tief verborgenen Sinn des Traumes zu verstehen. Bei alledem muß aber grundsätzlich immer folgendes berücksichtigt werden:

'Der Traumzustand ist aufzufassen auf der einen Seite als ein Überrest des alten Bilderbewußtseins aus vorgeschichtlicher Zeit, andererseits muß aber beachtet werden, daß die Entwicklung so fortschreitet, daß frühere Zustände in spätere hineinspielen. Und so kommt während des Träumens in dem Menschen jetzt als Überrest zum Vorschein, was früher normaler Zustand war.' «Zugleich aber ist dieser Zustand nach einer anderen Seite doch wieder anders als das alte Bilderbewußtsein. Denn seit der Ausbildung des Ich, [die auf die Selbständigkeit und innere Freiheit zielt], spielt dasselbe auch in die Vorgänge des astralischen Leibes hinein, welche im Schlafe während des Träumens sich vollziehen. So stellt sich im Traume ein durch die Anwesenheit des Ich verändertes Bilderbewußtsein dar. Weil aber das Ich nicht bewußt seine Tätigkeit auf den Astralleib während des Träumens ausübt, so darf auch nichts, was in das Gebiet des Traumlebens gehört, zu dem gerechnet werden, was in Wahrheit zu einer Erkenntnis der übersinnlichen Welten im Sinne der Geisteswissenschaft führen kann.» *(GA 13, S. 429/430)*

Daher sollte das Träumen wegen seines so schwer durchschaubaren, geheimnisvollen Wesens und seines tiefen Zusammenhanges mit dem ganzen Leben des Menschen sehr genau untersucht werden – wie es umfassend, das heißt sowohl sinnlich als auch übersinnlich, die moderne, durch Rudolf Steiner ausgebildete Geistesforschung zu tun vermag.

# II. VOM WESEN DER TRÄUME
## UND IHREN VERSCHIEDENEN INHALTEN

In diesem Kapitel soll versucht werden, anhand verschiedener Beispiele zu einem Verständnis unserer Träume zu gelangen. Dabei ist die Aufmerksamkeit auf die Bilder und auf die Art des Traumgeschehens gerichtet, weil dieses für das gewöhnliche Bewußtsein die Möglichkeit bietet, den Traum anfänglich zu verstehen. Die übersinnlichen Forschungsergebnisse müssen jedoch noch zusätzlich berücksichtigt werden, weil damit die unbewußten Schlafvorgänge in die Untersuchungen miteinbezogen werden können, und so ein tiefergehendes Traumverständnis möglich wird. Der letzte Abschnitt dieses Kapitels (S. 62ff.) stellt dabei einen Übergang zum dritten Kapitel dar, weil er einerseits die vorherigen Aussagen über das Wesen des Traums zusammenfaßt, teilweise auch erweitert, und andererseits Beurteilungskriterien entwickelt, um das Verhältnis des Menschen zur Wirklichkeit erkennen zu können an der Art, wie er träumt. So kann der Traum dazu beitragen, daß sich der Mensch selbst erkennt, was ja eine Voraussetzung für das erfolgreiche Arbeiten an sich selbst ist.

### DIE SINNESREIZ-TRÄUME

«Jeder kennt das Traumleben, dieses auf- und abwogende, aus dem Schlaf heraufkommende Vorstellungsleben des Menschen, und jeder weiß, welches die äußerlichen Eigentümlichkeiten des Traumlebens sind.... Auf besondere Veranlassung hin – das kann man dem Traumleben ansehen – tritt der Traum ein. Man hat es da zunächst zu tun mit sogenannten Sinnesreiz-Träumen. Man braucht sich nur zu erinnern, wie der Traum dadurch entstehen kann, daß man neben sich eine pendelnde Uhr hat. Unter besonderen Bedingungen werden einem die Pendelschläge zu Pferdegetrampel oder zu irgend etwas anderem. Man bildet also im Traum gewisse Sinnbilder aus. Ich möchte das besonders hervorheben; denn auf zahlreiche Eindrücke der äußeren Sinne gründet sich das Traumerleben. Aber dasjenige, was da auf die äußeren Sinne wirkt, wirkt niemals im Traume so, wie es wirkt im gewöhnlichen wachen Tagesleben. Es findet immer eine Umgestaltung des Sinneseindrucks im symbolisierenden, im sinnbildlichen Sinne statt, in etwas, was eine Umgestaltung durch das Seelenleben ist.

[Ein Beispiel aus der Literatur:] Ein Schullehrer unterrichtet im Traum; er erwartet von einem Schüler, daß er auf eine Frage, die der Lehrer gestellt hat, mit ‹ja› antwortet. Aber der Schüler antwortet nicht ‹ja›, sondern ‹jo›, was manchmal für den Lehrer recht störend und unangenehm sein kann. Der Lehrer erneut die Frage, und da antwortet der Schüler nicht bloß ‹jo›, sondern ‹i-o›, und dann fängt die ganze Klasse zu schreien an: ‹Feurio›. Der Lehrer wacht auf, und draußen fährt die Feuerwache vorbei, und man schreit ‹Feurio›. Dieser Eindruck auf die Sinne hat sich in dieser ganzen komplizierten Traumeshandlung symbolisiert.

Ein anderes Beispiel ... ist dieses: Eine schwäbische Frau besucht [im Traum] ihre Schwester in einer größeren Stadt. Die Schwester ist die Frau eines Pfarrers. Die beiden Schwestern hören sich die Predigt an, und siehe da, der Pfarrer fängt zunächst ganz würdig an. Dann aber bekommt er plötzlich etwas wie Flügel und fängt an zu krähen wie ein Hahn. Da sagt die eine Schwester zu der anderen: ‹Das ist aber eine besondere Art des Predigens.› Die Schwester antwortet ihr im Traum: ‹Ja, so hat es das Konsistorium verfügt; jetzt muß so gepredigt werden.› Darauf wacht die Frau auf, und draußen hört sie einen Hahn schreien. Also, der Hahnschrei, der selbstverständlich sonst als trockener, nüchterner Hahnschrei zum Bewußtsein gekommen wäre, ist so in der Seele umgewandelt worden. Alles andere hat sich um den Hahnschrei herumgruppiert. Sehen Sie, das sind Sinnesreiz-Träume.» *(GA 67, S. 225–227)*

«Ganz dramatische Erlebnisse können sich im Traume abspielen. Jemand träumt zum Beispiel, er stehe an einem Abgrunde. Er sieht, wie ein Kind heranläuft. Der Traum läßt ihn alle Qualen des Gedankens erleben: wenn das Kind nur nicht unaufmerksam sein möge und in die Tiefe stürze. Er sieht es fallen und hört den dumpfen Aufschlag des Körpers unten. Er wacht auf und vernimmt, daß ein Gegenstand, der an der Wand des Zimmers hing, sich losgelöst hat und bei seinem Auffallen einen dumpfen Ton gegeben hat. Diesen einfachen Vorgang drückt das Traumleben in einem Vorgange aus, der sich in spannenden Bildern abspielt. – Man braucht sich vorläufig gar nicht in Nachdenken darüber einzulassen, wie es komme, daß in dem letzten Beispiele sich der Augenblick des dumpfen Aufschlagens eines Gegenstandes in eine Reihe von Vorgängen auseinanderlegt, die sich durch eine gewisse Zeit auszudehnen scheinen; man braucht nur ins Auge zu fassen, wie der Traum das, was die wache Sinneswahrnehmung darbieten würde, in ein *Bild* verwandelt.» *(GA 13, S. 90/91)*

## TRÄUME VON KÖRPERZUSTÄNDEN

«Aber auch aus inneren Reizen können sich die Träume bilden, und wiederum sind es nicht die Reize als solche, die zum Vorschein kommen, sondern das durch die Seele symbolisierte, umgestaltete Sinnesbild. Jemand träumt zum Beispiel von einem heißen, kochenden Ofen: er wacht auf mit einem pochenden Herzen. Flugträume, die sehr häufig sind, rühren in der Regel her von irgendwelchen abnormen Erlebnissen, die sich während des Schlafes in der Lunge abspielen und so weiter.» *(GA 67, S. 227)*

«[Oder] zum Beispiel ein Kopfschmerz: der Mensch träumt, er sei in einem dumpfen Kellerloch mit Spinnweben. ... Leute, die eine besondere innere Sensitivität haben, können noch anderes erleben. Sie sehen sich zum Beispiel in einer unglücklichen Lage im Traum. Da wirkt der Traum als Prophet; das ist dann ein Symbol dafür, daß eine Krankheit in ihnen steckt, die in einigen Tagen herauskommt. Ja, manche Menschen träumen sogar die Heilmittel gegen eine solche Krankheit. Kurz, eine ganz andere Art des Wahrnehmens ist in diesen Traumzuständen vorhanden.» *(GA 95, S. 113)* Die Traumbilder sind zwar dem Tagesleben entnommen, aber sie haben keine reale Beziehung zu dem Tagesleben, denn den geträumten heißen Ofen gibt es im Augenblick des Träumens gar nicht in dem Zimmer.

## DER TRAUM ZWISCHEN DER WELT DER NATURGESETZE UND DER WELT DES GEISTES

Vor den folgenden Traumbeispielen soll noch charakterisiert werden, «wie der Mensch durch die Traumeswelt sich in den ganzen Kosmos, in das ganze Universum hineingestellt zeigt. Man kann ja sehen, wie im Traume beginnt ein ganz anderer Zusammenhang der einzelnen Ereignisse des Lebens, als derjenige ist, den wir im Wachleben durchmachen. Im Wachleben ... stellen sich nach den Gesetzen, in denen wir in der sinnlichen Welt einmal drinnen sind, die Dinge in einem gewissen Zusammenhang dar. Ein Folgendes muß immer auf ein Früheres kommen. Der Traum zeigt dasjenige, was in der gewöhnlichen Sinneswelt geschehen kann, in vollständiger Auflösung. Es wird alles anders; es löst sich alles auf. Dasjenige, was, wie der Mensch selbst, als sinnliches Wesen an den Erdboden durch die Schwere gebunden ist, kann im Traume plötzlich fliegen. Der Mensch macht Kunstflüge ohne Flugzeug im Traume. Woran man sich sonst die Zähne ausbeißt, an einem mathematischen Problem zum Beispiel, das erlebt man im Traume so, als ob man es kinderleicht gelöst habe. Man erinnert sich dann vielleicht an die Lösung im Wachen nicht mehr – nun, das ist ja ein persönliches Unglück –, aber jedenfalls hat man die Vorstellung, daß die Hemmnisse, die Hindernisse im Vorstellen, die im Tagesleben da sind, nicht da seien. Und so wird alles, was im Tagesleben einen festen Zusammenhang hat, in einer gewissen Weise im Traume aufgelöst. ...

Dasjenige, was da drinnen als Seele lebt, das geht im Schlaf heraus aus dem physischen und aus dem Ätherleib. Und indem es herausgeht, dringt es in die Welt ein, die nun nicht unterworfen ist den Naturgesetzen. Deshalb beginnt der Traum ein solcher Spötter über die Naturgesetze zu werden. Wir dringen in eine ganz andere Welt hinein. Wir dringen in eine Welt hinein, in die wir uns ebenso schlafend hineinleben, wie wir wachend mit unserem physischen Körper uns in die Sinnenwelt hineinleben. Aber diese Welt ist eine andere. Diese Welt hat nicht unsere Naturgesetze, sondern diese Welt hat ganz andere Gesetze. ... Und der Traum ist diejenige Macht, welche die intensive Opposition den Naturgesetzen gegenüberstellt.

Indem ich träume, zeigt mir der Traum, daß ich in einer Welt lebe, die gegen die Naturgesetze protestiert, die den Naturgesetzen nicht unterworfen sein will. Wenn ich des Abends einschlafe und mich aus meinem physischen und Ätherleib herausbewege, dann lebe ich noch halb drinnen in den Naturgesetzen; aber ich trete schon ein in die Welt, die nun nicht von Naturgesetzen beherrscht wird. Da kommt dieses Durcheinander von Naturgesetzen und übersinnlichen Gesetzen im Traume zustande. Ebenso beim Aufwachen.

Man kann nun sagen, daß man mit jedem Einschlafen hineintaucht in eine Welt, in der unsere Naturgesetze nicht gelten, und mit jedem Aufwachen taucht man auf aus dieser Welt in die Welt, in der eben unsere Naturgesetze gelten. Wenn wir uns diesen Vorgang wirklich vorstellen, so ist es ja so; denken Sie sich die Traumeswelt wie ein Meer, in dem Sie leben. Nehmen Sie an, Sie wachen auf aus dem flutenden Traumleben des Morgens. Es ist, wie wenn Sie sich herausbewegen würden aus dem flutenden Traumleben. Sie bewegen sich von einer übersinnlichen Gesetzmäßigkeit in die sinnliche intellektuelle Gesetzmäßigkeit hinein.

Und so ist es Ihnen, als wenn alles dasjenige, was Sie nach dem Aufwachen in scharfen Konturen sehen, herausgeboren würde aus dem Flüssigen, Flüchtigen. Sagen wir, Sie sehen meinetwillen hier Fenster; wenn Sie zuerst vom Fenster träumen, so wird Ihnen auch dieses Fenster herausgeboren erscheinen von etwas Verflossenem, von etwas Unbestimmtem vielleicht, das ... allerlei Feuerflammen hat; da taucht das Fenster auf, und würden Sie ganz lebhaft träumen, so würden Sie sehen, wie die ganze, scharf konturierte bestimmte Tageswelt Ihres Bewußseins auftaucht aus diesem Unbestimmten, wie wenn sich aus dem Meere heraus Wellen erheben würden, diese Wellen sich aber dann zur Tageswelt formen würden.

Und hier ist einer derjenigen Punkte, wo man, wenn man als gegenwärtiger Mensch diese Dinge wieder [hellsichtig] erforscht, in jenes ehrfurchtsvolle Staunen hineinkommt, das man empfinden kann gegenüber den traumhaften Imaginationen einer früheren Menschheit. ... Wenn wir zurückgehen zu demjenigen, was eine frühere Menschheit auch im Wachleben in traumhaften Imaginationen in der Seele erlebt hat, was sie dann in Mythen und Legenden in die Göttersagen geformt hat, was so unbestimmt verfließt gegenüber demjenigen, was wir heute in fester Naturanschauung erfassen, ... [dann erfahren wir], daß die Griechen noch etwas gewußt haben von diesen Dingen, daß die Griechen sich vorgestellt haben: Es gibt etwas, was aller Weltgestaltung zugrunde liegt, aus dem sich alle bestimmten Gestalten erheben, das man aber nur erreichen kann, wenn man aus der Sinnenwelt heraus in den Schlafzustand, in einen traumhaften Zustand kommt. Das haben die Griechen genannt das Chaos. Und es war alle Spekulation, alle begriffliche Untersuchung, was das Chaos ist, vergeblich; denn das Chaos ist etwas, woran der heutige Mensch nahe kommt, wenn er ins Träumen hineinkommt. Nur noch ins Mittelalter ragt hinein irgend etwas von einer Kenntnis dessen, was so als übersinnliche, kaum schon Materie zu nennende äußere Substanz allen äußeren Substanzen zugrunde liegt, indem im Mittelalter gesprochen wird von der sogenannten Quintessenz, der fünften Wesenheit, neben den vier anderen Elementen: Erde, Wasser, Luft, Feuer – der Quintessenz.

Oder es dringt etwas noch in das mittelalterliche Schauen hinein, wenn der Dichter in einer so anschaulichen Art sagt: Die Welt ist aus den Träumen gewoben. Der Grieche würde gesagt haben: Die Welt ist aus dem gewoben, was du, wenn du aus dem Sinnlichen hinausdringst in die Welt, die du frei von deinem Körper erlebst, was du da erlebst als das Chaos. – So muß man schon, um zu verstehen, was die Griechen mit dem Chaos meinten, hinweisen auf dasjenige, was nicht in den sinnlichen, was in den übersinnlichen Welten liegt.» *(GA 227, S. 87–94)*

Der geisteswissenschaftlichen Forschung zeigt sich nun, daß jenseits der physischen und der Traumeswelt noch eine weitere, übersinnliche Schicht liegt, «die gar nicht mehr eine Beziehung hat zu den Naturgesetzen unmittelbar. Die Traumeswelt protestiert in ihrer Bildhaftigkeit gegen die Naturgesetze. Bei dieser dritten Welt wäre es ganz unsinnig, zu sagen, sie richte sich nach Naturgesetzen. Sie widerspricht vollends sogar kühnlich den Naturgesetzen, denn sie tritt auch an den Menschen heran. Während der Traum noch in der lebendigen Bilderwelt zum Vorscheine kommt, kommt diese dritte Welt durch die Stimme des Gewissens in der sittlichen Weltanschauung zunächst zum Vorschein. ...

Zwischen der Welt, die von Naturgesetzen durchwoben ist, und der Welt, aus der in uns einströmend unser Gewissen redet, liegt für das gewöhnliche Bewußtsein die Traumeswelt. Das aber führt unmittelbar dazu – weil dies zugleich die Wachwelt, dies die Traumeswelt, dieses die Schlafwelt ist –, daß uns dieses heranbringt an die Vorstellung, daß tatsächlich während des Schlafes die Götter zu dem Menschen sprechen von dem, was nicht natürlich, sondern sittlich ist, was dann dem Menschen bleibt als die Gottesstimme in seinem Inneren, wenn er aufwacht, als das Gewissen.» *(GA 225, S. 199)*

Und wodurch ist dieses alles möglich, und wie bildet sich das Gewissen?

'Der astralische Leib ist es eigentlich, der uns freimacht von unserem Haften an den Naturgesetzen, welches vorhanden ist zwischen dem Aufwachen und Einschlafen, und der uns in die übersinnliche (noch über die «Chaos»-Schicht hinaus liegende) Seelenwelt versetzt. Hier nun ist der Astralleib in einer übersinnlichen Gesetzmäßigkeit darinnen, die seine ihm angemessene Gesetzmäßigkeit ist, die sowohl ihm als auch dem Ich, das ja mit dem Astralleib verbunden bleibt, die Freiheit von der Zwangsjacke der Naturgesetzmäßigkeit gibt: freie Beweglichkeit in der Seelenwelt, der Welt der sittlichen Impulse.

Dort kann das Ich nun vorbereiten zunächst in Bildformen, in Imaginationen, die aber nicht vorgestellt werden, sondern die Kraftimpulse sind, dort kann das Ich vorbereiten zwischen dem Einschlafen und dem Aufwachen die Bilder desjenigen, was sittliche Impulse sind sowohl für das zukünftige irdische Leben als auch für die Geistwirklichkeit in der Zeit zwischen dem Tode und einem neuen Erdenleben, ja Impulse, die wir nur durch die Hilfe der geistigen Welt von diesem Erdenleben in das nächste Erdenleben hinübernehmen können.' (s. GA 227, S. 96/97)

«Die Kausalität desjenigen, was wir als sittlicher Mensch in uns aufgenommen haben, die sittlichen Impulse können wir hier nur dadurch verfolgen, daß wir uns gewissermaßen mit einem inneren Seelengehorsam unter sie stellen. So wie das Ich sie ausarbeitet im Schlafzustande und dann weiterarbeitet zwischen dem Tode und einer neuen Geburt, so gewinnen diese sittlichen Impulse dieselben Kräfte, die sonst hier Naturgesetze haben, und kleiden sich hinein in den nächsten Menschenleib, den wir im folgenden Erdenleben tragen werden als unsere sittlich-natürliche Verfassung, als unser Temperament, als unsere Charakteranlage, die man nur mit Unrecht einer bloßen Vererbung zuschreibt, die so ausgearbeitet wird, daß das Ich schon daran zu arbeiten hat im Schlafzustande, wenn es durch den astralischen Leib befreit in einer nun nicht natürlichen, sondern in einer rein geistigen Welt zwischen dem Einschlafen und Aufwachen waltet. Und so können wir sehen, wie der Mensch durch den Schlafzustand schon seine Zukunft vorbereitet, wie er sich hineinlebt in seine Zukunft.

Und was zeigt uns der Traum? Ich möchte sagen: Da arbeitet das Ich während des Schlafens, aber der Traum zeigt uns diese Arbeit in illusionären Bildern. Wir können noch nicht in dieses Erdenleben hereinnehmen, was schon während des Schlafzustandes für das nächste Erdenleben gewoben wird. Der Traum..., so wie er uns zeigt in seinen Bildern, verworren, dasjenige, was wir durchgemacht haben können in früheren Erdenleben [siehe den Abschnitt «Träume von vergangenen Erdenleben», S. 38ff.], so zeigt er in chaotischen Formen auch dasjenige, was keimhaft vorbereitet wird für die Menschheitszukunft in künftigen Zeiten.

So führt uns in der Tat die richtige Interpretation des Traumes dazu, anzuerkennen, daß der Traum doch etwas ist wie ein Fenster, durch das wir nur in der richtigen Weise durchschauen müssen, wie ein Fenster hinein in die übersinnliche Welt. Denn hinter diesem Fenster liegt dasjenige, was das Gewebe der Ich-Tätigkeit ist, die da dauert von früheren Erdenleben bis zu künftigen Erdenleben. Wir schauen schon in einer gewissen Weise, wenn wir den Traum in der richtigen Weise interpretieren können, durch das Fenster des Traumes von der Welt der Vergänglichkeit, in der wir als Erdenmensch leben, in die Welt der Dauer, der Ewigkeit, der wir mit unserer eigentlichen inneren Menschenwesenheit angehören.» *(GA 227, S. 97/98)*

TRAUMBILDER AUS DER ASTRAL- ODER SEELENWELT

Neben der Gewissensstimme offenbaren sich aus der Seelenwelt ganz bestimmt geformte Träume, die nun keine gewöhnlichen Träume sind, die aber aus dieser Welt eine deutliche und deutbare Kunde geben. Um dieses verständlich zu machen, sei das Wesen des Astralleibes und der Astralwelt, in der sich die Seele im Tiefschlaf aufhält, etwas näher beschrieben.

«Für den Seher stellt sich der Astralleib so dar, daß der ganze Mensch eingehüllt ist in eine eiförmige Wolke, und in dieser Wolke drückt sich eine jede Empfindung aus, jeder Trieb, jede Leidenschaft. Dieser Astralleib ist also der Träger von Lust und Leid, Freude und Schmerz. Mit diesem dritten Glied verhält es sich anders als mit dem physischen Leib und Ätherleib. Wenn nämlich der Mensch schläft, liegt im Bett nur der physische Leib und Ätherleib, während sich der Astralleib mit dem Ich herausgehoben hat; wenn dagegen der Astralleib und der Ätherleib heraustreten aus dem physischen Leibe, dann tritt der Tod ein, und damit ja der Zerfall des physischen Leibes.

Warum heißt dieses Wesensglied nun Astralleib? Es gibt dafür gar keinen treffenderen Ausdruck. Warum? Dieses Wesensglied hat eine wichtige Aufgabe, und diese wichtige Aufgabe müssen wir uns klarmachen. Dieser Astralleib ist in der Nacht kein Müßiggänger, denn in der Nacht arbeitet er, wie der Seher sehen kann, an dem physischen und Ätherleib. Während des Tages nutzen Sie den physischen und Ätherleib ab, denn alles, was Sie tun, ist ja Abnützung des physischen Leibes, und der Ausdruck dieser Abnützung ist ja die Ermüdung. Das nun, was Sie während des Tages abnutzen, das bessert der Astralleib während der Nacht wieder aus. ...

Mit diesem Heraustreten des Astralleibes während des Schlafes ist noch etwas anderes, Wichtiges verbunden. Wenn nämlich der Astralleib während des wachen Tageslebens mit der Außenwelt in Verbindung tritt, muß er zusammenleben mit dem physischen und Ätherleib; aber während er sich vom Körper loslöst, also während des Schlafes, ist er von dieser Fessel des physischen und Ätherleibes befreit. Und da tritt etwas Wunderbares ein: da reichen die Kräfte des Astralleibes bis in die Gestirnenwelt [‹astral› = die Gestirne betreffend], wo die Seelenwesenheiten der Pflanzen sind, und aus dieser Welt nimmt er seine Kraft. Der Astralleib ruht in der Welt, in der die Gestirne eingebettet sind. Das ist die Welt der Sphärenharmonie der Pythagoreer. Sie ist eine reale Wirklichkeit und keine Phantasie. Wenn man bewußt in dieser

Welt lebt, dann hört man die Sphärenharmonien, dann hört man klingen die Kräfte und Verhältnisse der Sterne zueinander. Goethe war in diesem Sinne ein Eingeweihter, und aus diesem Geiste heraus ist auch der Beginn des ‹Prologs im Himmel› aus ‹Faust› zu verstehen:

> Die Sonne tönt nach alter Weise
> In Brudersphären Wettgesang,
> Und ihre vorgeschrieb'ne Reise
> Vollendet sie mit Donnergang.

... In dieser Gestirnwelt lebt der Astralleib während der Nacht. Und während er am Tage in eine Art Disharmonie kommt mit den weltlichen Dingen, ist er in der Nacht, während des Schlafes, wieder eingebettet in den Schoß der Sternenwelt. Und dann kommt er morgens zurück mit dem, was er sich aus dieser Welt mitgebracht hat an Kräften. Die Harmonie der Sphären bringt man sich aus dieser Astralwelt mit, wenn man herauskommt aus dem Schlafe. In der Gestirnwelt, der Astralwelt, hat der Astralleib seine wahre Heimat, und deshalb ist er auch so genannt worden: Astralleib.» *(GA 100, S. 36–38)*

'In dieser Hülle, die aus der Astralwelt heraus gewoben ist, lebt nun das Ich des Menschen. Aber auch der physische Leib und der Ätherleib, die aus ihrer jeweiligen Region heraus gewoben sind, bilden eine Hülle für das Ich. In diesen Hüllen wohnen wir, das heißt: das Ich, mit den höheren Gliedern der menschlichen Wesenheit, unserem unsterblichen Teil.' *(s. GA 100, S. 39)*

Was nennt man nun eigentlich im geisteswissenschaftlichen Sinne eine Welt, insbesondere eine astrale Welt?

«Die Empfindung von der Welt um uns herum hängt davon ab, welche Fähigkeiten und Organe wir haben, sie wahrzunehmen. Hätten wir andere Organe, dann wäre auch die Welt ganz anders für uns. Wenn zum Beispiel der Mensch keine Augen hätte, um das Licht zu sehen, sondern ein Organ, wodurch er, sagen wir, die Elektrizität wahrnehmen könnte, dann würden Sie diesen Raum nicht als hell, vom Lichte durchflutet wahrnehmen, wohl aber würden Sie in den Drähten, die durch den Raum gehen, die Elektrizität hinfließen sehen; dann würden Sie es überall zucken, blitzen und strömen sehen. So ist eben das, was wir unsere Welt nennen, abhängig von unseren Sinnesorganen.

So ist auch die astrale Welt nichts anderes als eine Summe von Erscheinungen, die der Mensch um sich herum erlebt, wenn er von seinem physischen und Ätherleib getrennt ist, und wenn er diese Kräfte in seinem Inneren verwenden kann ... Das ist eben der Fall, wenn er den physischen Leib und den Ätherleib abgeworfen hat. Die Wahrnehmungsorgane für die Astralwelt sind die Organe des Astralleibes, analog den Sinnesorganen für den physischen Leib. Wir wollen nun einmal die astrale Welt betrachten.

Der geistig Schauende kann diese Astralwelt ... auch schon hier im physischen Leibe wahrnehmen. Diese Astralwelt unterscheidet sich von unserer physischen ganz beträchtlich. Zunächst können Sie sich eine Vorstellung bilden von dem, was um Sie herum ist in der Astralwelt, wenn Sie sich den letzten Rest, den der Mensch noch von seinem früheren Hellsehen in alten Zeiten hat, das ist das Traumleben, einmal vor die Seele rufen. Sie kennen ja alle dieses Traumleben aus der Erfahrung, und Sie kennen es als eine Welt chaotischer Bilder. Woher kommt es nun, daß der Mensch überhaupt träumt? ... Beim vollen, tiefen, traumlosen Schlafe ist der Astralleib ganz aus dem Ätherleibe herausgehoben; beim Traumschlaf stecken noch Fühlfäden des Astralleibes im Ätherleib drinnen, und dadurch nimmt der Mensch dann die mehr oder weniger verworrenen Bilder der Astralwelt wahr. Die astrale Welt ist so durchlässig wie die Traumbilder, sie ist wie aus Träumen gewoben. Aber diese Träume unterscheiden sich von den gewöhnlichen Träumen dadurch, daß diese Bilder eine Wirklichkeit sind, genau so eine Wirklichkeit wie die physische Welt. Die Art der Wahrnehmung ist sehr ähnlich der [gewöhnlichen] Traumwahrnehmung: sie ist nämlich auch symbolisch. ... [s. Kap. I]

[Ein Beispiel:] Ein Akademiker träumt eine lange Geschichte von einem Duell vom Anfang der Anrempelung bis zum Schluß des Austragens in der Pistolenforderung: der Schuß fällt – da wacht er auf und merkt, daß der Stuhl umgefallen ist. Aus dem ganzen Ablauf dieses letzten Traumbildes ersehen Sie auch, daß die Zeitverhältnisse ganz andere sind. Nicht nur, daß die Zeit sozusagen nach rückwärts konstruiert wird, sondern auch, daß der ganze Zeitbegriff im Traumerlebnis seine Bedeutung verliert. Man träumt im Bruchteil einer Sekunde ein ganzes Leben, wie ja auch im Augenblick eines Absturzes oder des Ertrinkens unser ganzes Leben vor unserem Seelenauge vorüberzieht. Worauf es aber jetzt in all den angeführten Traumbildern besonders ankommt, ist eben, daß sie Bilder darstellen zu dem, was die Veranlassung dazu ist. So ist es überhaupt in der Astralwelt. Und wir haben Veranlassung, diese Bilder zu deuten. Dasselbe astrale Erlebnis erscheint auch immer als dasselbe Bild, darin ist durchaus Regelmäßigkeit und Harmonie [s. a. Kap. IV], während die gewöhnlichen Traumbilder chaotisch sind. Man kann sich schließlich in der Astralwelt genausogut wie in der sinnlichen zurechtfinden.

Aus lauter solchen Bildern ist die Astralwelt gewoben, aber diese Bilder sind der Ausdruck für seelische Wesenheiten. Alle Menschen sind nach dem Tode selbst in solche Bilder gehüllt, die zum Teil sehr farben- und formenreich sind. So ist auch, wenn ein Mensch einschläft, dessen Astralleib in flutenden und wechselnden Formen und Farben zu sehen. Alle astralen Wesenheiten erscheinen in Farben. Kann der Mensch astral schauen, so nimmt er diese astralen Wesenheiten in einem flutenden Farbenmeer wahr.» *(GA 100, S. 48–50)*

Um sachgemäß das Traumgeschehen deuten zu können, muß noch auf eine traumprägende Eigenart der Astralwelt hingewiesen werden, auf eine Eigenart, die es in der physischen Welt nicht gibt, die aber durch Rudolf Steiners geisteswissenschaftliche Forschung erkannt wurde:

«Nun hat diese astrale Welt eine Eigentümlichkeit, die dem, der das zum ersten Male hört, eigenartig erscheint: Es ist in der Astralwelt alles wie im Spiegelbild vorhanden, und daher müssen

Sie als Schüler sich erst nach und nach daran gewöhnen, richtig zu sehen. Sie sehen zum Beispiel die Zahl 365, die entspricht der Zahl 563. So ist es mit allem, was man in der Astralwelt wahrnimmt. Alles, was zum Beispiel von mir selbst ausgeht, das scheint auf mich zuzukommen. Das zu berücksichtigen, ist außerordentlich wichtig. Denn wenn zum Beispiel durch Krankheitszustände solche astralen Bilder zustande kommen, muß man wissen, was man davon zu halten hat. Im Delirium treten sehr häufig solche Bilder auf, und es können solche Menschen alle möglichen Fratzen und Bildgestalten sehen, die auf sie zukommen, da in solch krankhaften Zuständen die astrale Welt für den Menschen geöffnet ist. Diese Bilder sehen natürlich so aus, als ob die Dinge auf den Menschen zustürzten, während sie doch in Wirklichkeit von ihm ausströmen. Das müssen die Ärzte in Zukunft wissen, weil derartige Dinge durch die verdrängte religiöse Sehnsucht in der Zukunft immer häufiger sein werden. Einem solchen Astralbilderlebnis liegt auch zum Beispiel das Motiv zu dem bekannten Gemälde ‹Die Versuchung des heiligen Antonius› zugrunde.» *(GA 100, S. 50)*

Es ist so, «daß in der höheren Anschauung das menschliche Innere, die eigene Trieb-, Begierden- und Vorstellungswelt sich genauso in *äußeren* Figuren zeigt wie andere Gegenstände und Wesenheiten. Die Innenwelt wird für die höhere Erkenntnis zu einem Teile der Außenwelt. Wie wenn man in der physischen Welt von allen Seiten mit Spiegeln umgeben wäre und so seine leibliche Gestalt beschauen könnte, so tritt in einer höheren Welt die seelische Wesenheit des Menschen diesem als Spiegelbild entgegen.

... Die Gestalten seiner eigenen Triebe und Leidenschaften treten ihm da entgegen in Formen, welche er als tierische oder – seltener – auch als menschliche empfindet. Zwar sind die Tiergestalten dieser Welt niemals ganz gleich denen der physischen Welt, aber sie haben doch eine entfernte Ähnlichkeit. ... Man muß sich nun, wenn man diese Welt betritt, eine ganz neue Art des Urteilens aneignen. Denn abgesehen davon, daß die Dinge, die eigentlich dem menschlichen Innern angehören, als Außenwelt erscheinen, treten sie auch noch als das Spiegelbild dessen auf, was sie wirklich sind. ... Eine Kugel sieht man so, wie wenn man in ihrem Mittelpunkte wäre. Man hat sich dann diese Innenansicht erst in der richtigen Art zu übersetzen. Aber auch seelische Eigenschaften erscheinen als Spiegelbild. Ein Wunsch, der sich auf etwas Äußeres bezieht, tritt als eine Gestalt auf, die zu dem Wünschenden selbst sich hinbewegt. Leidenschaften, welche in der niederen Natur des Menschen ihren Sitz haben, können die Form von Tieren oder ähnliche Gestaltungen annehmen, die sich auf den Menschen losstürzen. In Wirklichkeit streben ja diese Leidenschaften nach außen; sie suchen den Gegenstand ihrer Befriedigung in der Außenwelt. Aber dieses Suchen nach außen stellt sich im *Spiegelbild* als Angriff auf den Träger der Leidenschaft dar.» *(GA 10, S. 151/152)*

«Wenn Sie das alles bis zum letzten Ende durchdenken, so wird es Ihnen nicht mehr drollig erscheinen, daß auch die Zeit sich in der Astralwelt umkehrt. Einen Anklang daran geben Ihnen ja schon die Erfahrungen des Traumes. Erinnern Sie sich an das eben erwähnte Beispiel des geträumten Duells. Alles läuft hier rückwärts und so auch die Zeit. So kann man im astralen Erleben am Baum zuerst die Frucht, dann die Blüte und zurück bis zum Keim verfolgen.» *(GA 100, S. 50/51)*

Um das Auftreten des Umkehrphänomens in unseren Träumen noch tiefer zu begründen, sei eine kurze Beschreibung des Lebens nach dem Tode hier angefügt:

«Und so verläuft auch nach dem Tode – das ist also die Zeit des Abgewöhnens [und des Sich-Trennens vom Irdischen] – das ganze Leben durch die Astralwelt rückwärts, und Sie durchleben Ihr Leben noch einmal von rückwärts nach vorn und schließen es ab mit den ersten Eindrücken Ihrer Kindheit. Dieses geht aber wesentlich schneller als hier in der physischen Welt und dauert etwa ein Drittel des Erdenlebens. Man erlebt nun da auch noch manches andere bei diesem Rückwärtsdurchlaufen des Lebens. Nehmen wir an, Sie sind mit achtzig Jahren gestorben und leben nun das Leben zurück bis zum vierzigsten Lebensjahr. Da haben Sie zum Beispiel einmal einem eine Ohrfeige gegeben, wodurch seinerzeit dieser Mensch von Ihnen einen Schmerz erfahren hat. Nun ist es so in der Astralwelt, daß auch diese Schmerzempfindung sozusagen wie im Spiegelbild auftritt; das heißt: nun erleben Sie den Schmerz, den damals der andere durch Ihre Ohrfeige erfahren hat. Und dasselbe ist natürlich auch der Fall bei allen freudigen Ereignissen.» *(GA 100, S. 51)*

### TRÄUME VON VERGANGENEN ERDENLEBEN

«Dieses Traumleben, das so wenig Bedeutung für die unmittelbare Wirklichkeit des Alltags haben kann, hat aber für die tiefere Erkenntnis sowohl der Welt, wie auch des Menschen, die denkbar größte Bedeutung. Nicht nur dadurch, daß in der Geisteswissenschaft, von der hier die Rede ist, die Bedeutung dieses Traumes voll gewürdigt werden muß, damit man von der Betrachtung des Traumes zu manchem anderen übergehen kann, sondern auch deshalb hat dieses Traumleben eine so besondere Bedeutung, weil es sozusagen die Ecke darstellt, durch welche gewisse andere Welten, als diejenige ist, die der Mensch wachend erlebt, in diese gewöhnliche Welt hereinscheinen. So daß der Mensch oftmals gerade durch das Rätselvolle der Traumesgebilde aufmerksam wird nicht nur darauf, daß es in den Untergründen oder auch Obergründen der ihm zugänglichen Welt noch andere Welten gibt, sondern auch darauf, wie etwa das Wesen dieser Welten sein könne.

Aber auf der anderen Seite ist es außerordentlich schwierig, in dieses ganze rätselhafte Traumleben vom Standpunkt des höheren Bewußtseins aus einzudringen, denn der Traum ist im Leben eine Macht, die den Menschen in die denkbar größte Illusion hineinversetzen kann. Und man wird leicht gerade gegenüber dem Traume geneigt, dasjenige, was sich illusionär hineinstellt in das Leben, in einer falschen Weise auf seine Wirklichkeit zu beziehen. Gehen wir einmal auf diese Weise vor, indem wir uns dabei durchaus auf dasjenige beziehen, was ich schon über das Schlafesleben und auch über die wiederholten Erdenleben gesagt habe. [Daß der Mensch seine geistig-seelische Entwicklung von Erdenleben zu Erdenleben in individueller Weise durchmachen kann, um sich allmählich immer höher zu entwickeln zu Selbständigkeit und innerer Freiheit.]

Ein Beispiel, das in der einen oder anderen Art im Traumleben sich immer wiederholt, ist das, daß man im Traume irgend etwas gemacht hat, woran man im Wachleben gar nicht denken könnte, es irgendwie schon gemacht zu haben, was eben ganz außerhalb des Bereiches der Möglichkeit lag, es zu machen im bisherigen Erdenleben. Dann träumt man, daß man dieses, was man nun verfertigt hat, nicht finden könne, und man sucht wie ein Verrückter nach diesem abhanden gekommenen Dinge, das man gemacht zu haben glaubt.

Betrachten wir das Beispiel konkreter. In dieser Form, wie ich es geschildert habe, variiert in der einen oder anderen Art, kommt das ja im Traumleben eines jeden Menschen vor. Betrachten wir es konkret. Sagen wir, ein Schneider habe geträumt, obwohl er nur ein ganz kleiner Schneider ist für kleinbürgerliche Leute, daß er für einen Minister einen Staatsrock gemacht habe. Nun fühlt er sich schon ganz wohl in diesem Verfertigen des Staatsrockes, der nun schon da sein soll. Aber gleich darauf verwandelt sich der Traum in die Stimmung, daß er nun überall diesen Rock sucht, als er ihn dem Minister abliefern soll, und er kann ihn nirgends finden.

Hier haben Sie einen Traum, der ganz und gar in den Formen verläuft, die der Betreffende zwar nicht im Leben ausführen kann, die er sich aber namentlich wunschhaft recht gut noch vorstellen kann in dem Leben, das er eben auf der Erde führt. Ausführen kann er die Sache nicht, weil er eben nur ein kleiner Schneider für kleinbürgerliche Leute ist, und man kann den Rock nicht bei ihm bestellen. Aber manchmal mag durch seine kühnen Tagträume der

Wunsch gegangen sein, einen solchen Staatsrock zu verfertigen. Vielleicht kann er das gar nicht, aber es wird der Wunsch seiner Tagträume.

Aber was liegt dem zugrunde? Dem liegt tatsächlich eine Wirklichkeit zugrunde. Wenn der Mensch mit seinem Ich und seinem astralischen Leib schlafend außerhalb des physischen Leibes und des ätherischen Leibes ist, dann befindet er sich ja in derjenigen Wesenheit, die durch die wiederholten Erdenleben durchgeht.» *(GA 227, S. 82/83)*

Der physische Leib wird nach dem Tode der Erde übergeben, der Ätherleib löst sich nach etwa drei Tagen in der allgemeinen Ätherwelt auf, nur das Ich und der schon vervollkommnete Teil des Astralleibes gehen in die geistige Welt über, von wo aus sie dann auch wieder zur Erde zurückkehren, um hier an ihrer weiteren Entwicklung zu arbeiten, was Rudolf Steiner genauer in seinen Büchern «Theosophie» (GA 9) und «Die Geheimwissenschaft im Umriß» (GA 13) beschrieben hat.

«Dasjenige, was innerlich kraftet, was eigentlich innerlich tätig ist zunächst an seinem eigenen Wesen, während der Mensch schläft, das ist Ich und ist astralischer Leib: Das braucht in seinen Erlebnissen nicht etwa bloß Erinnerung zu haben an das eben jetzt verlebte Erdenleben, sondern das kann Erinnerungen haben an andere Erdenleben. ... Es kann also sein, daß der Betreffende allerdings einmal beteiligt war – sagen wir in alter römischer Zeit in einem früheren Erdenleben – an dem Bestellen einer besonders stattlichen Toga. Er braucht dazumal nicht einmal Schneider gewesen zu sein, aber er kann irgendwie der Diener oder vielleicht sogar der Freund eines römischen Staatsmannes gewesen sein. Sein Schicksal kann ihn vielleicht gerade dadurch, daß er dazumal einen so lebendigen Wunsch hatte, seinen Herrn in einer möglichst würdigen Weise vor die Welt hinzustellen, in dieser Inkarnation zu seinem Berufe gebracht haben. Denn für das gesamtmenschliche Leben sind eben gerade Wünsche, Gedanken von einer außerordentlich großen Bedeutung. Und so kann die Erinnerung an das in dieser Weise in einem früheren Erdenleben

Durchlebte die Seele und den Geist des Menschen, Ich und astralischen Leib, durchziehen. Dann am Morgen, wenn der Mensch nun untertaucht, ... mit seinem Ich und astralischen Leib in den ätherischen Leib und den physischen Leib, dann taucht diese Seele, die noch eben gesteckt hat in dem erinnernden Erleben von der Schönheit der Staatstoga, nun unter in diejenigen Vorstellungen, die der betreffende Kleidermacher im jetzigen Erdenleben haben kann; die stecken in seinem ätherischen Leibe. Da staut sich dasjenige, was eben noch als auf die alte Römerzeit bezüglich erlebt worden ist, das staut sich. Es soll hinein in die Vorstellungen, die er bei Tag haben kann. Aber bei Tag hat er nur dasjenige an Vorstellungen, daß er für die kleinbürgerlichen Leute Kleider macht. Nun kann die Seele, wenn sie da untertaucht, nur außerordentlich schwer umsetzen dasjenige, was sie eben an der schönen Staatstoga empfunden hat; das kann sie schwer vorstellen an den schrecklichen Kleidern, die der Kleidermacher zu machen hat. Da verwandelt es sich beim Übergehen, bei der Stauung, von der Vorstellung der Toga zu dem gegenwärtigen ministeriellen Staatsrock, und erst später, wenn der Betreffende ganz untergetaucht ist in seinen ätherischen und physischen Leib, dann vertilgt das, was er nun vorstellen muß, dasjenige, was er kurz vor dem Aufwachen erlebt hat.» *(GA 227, S. 83–85)*

## ERINNERUNGSBILDUNG UND TRAUM

### *Der Traum als Stauungsphänomen*

'Wenn man das Verhältnis des Schlafens und Wachens auf der einen Seite zur Gliederung des Menschen auf der anderen Seite betrachtet, kann man sehen, wie der Mensch mit dem Schlafe in der Tat eine tiefgehende Spaltung seines Erdendaseins erlebt.'
«Wir haben ... gesehen, wie wir am Menschen dasjenige zu unterscheiden haben, was an ihm sinnlich-physisch wahrnehmbar

ist: der physische Körper; dasjenige, was nicht mehr sinnlich-physisch wahrnehmbar ist, was nur in der Imagination geschaut werden kann: sein Äther- oder ... sein Bildekräfteleib. Dieser Bildekräfteleib enthält die lebendigen Kräfte, die den Menschen wachsen machen, die den Vorgängen der Ernährung, des ganzen Aufbaues des Menschen zugrunde liegen und so weiter. Dieser Bildekräfteleib enthält aber auch ... das ganze System der menschlichen Gedanken. Eingegliedert in diesen Bildekräfte- oder Ätherleib und in den physischen Körper sind dann die zwei höheren Glieder der menschlichen Wesenheit [der Astralleib und das Ich] ... .

Wenn nun der Mensch sein Tagesleben durchlebt, so sind diese vier Glieder der menschlichen Natur ineinander tätig, in Wechselbeziehung stehend, in einem innigen Zusammenhange. Wenn der Mensch in den Schlafzustand übergeht, dann trennt sich von Astralleib und Ich physischer Körper und Bildekräfteleib - sie bleiben, wenn ich mich so ausdrücken darf, im Bette zurück -, und in eine rein geistige Welt treten ein die astralische Organisation und die Ich-Organisation. So daß also der Mensch vom Einschlafen bis zum Aufwachen gespalten ist in seinem Wesen: auf der einen Seite ist die physische Organisation mit der ätherischen Organisation vorhanden, die zu gleicher Zeit die gesamte Gedankenwelt des Menschen zurückhält, und auf der anderen Seite sind die Ich-Organisation und die astralische Organisation vorhanden.

... [Man sieht daran], daß eine viel innigere Beziehung zwischen dem physischen Körper und dem Ätherleib besteht als zum Beispiel zwischen Ätherleib und Astralorganisation. Denn während des ganzen Erdenlebens bleiben physischer Körper und Ätherleib zusammen. Sie trennen sich nie, auch eben im Schlafeszustand nicht. Der Ätherleib und der astralische Leib müssen sich trennen im Schlafe.

Wiederum ist ein inniger Zusammenhang vorhanden zwischen dem Ich und der astralischen Organisation, denn die trennen sich wiederum niemals während des Erdenlebens. Aber der Zusammenhang zwischen dem astralischen Leib und dem ätherischen

Leib, der ist ein loserer. Da kann eben die Spaltung eintreten. Das hat für das menschliche Erdenleben und auch für das außerirdische Leben des Menschen eine ganz bestimmte Wirkung. Wenn wir im wachen Zustande sind, so beleben wir mit unserem Ich unsere Sinne, mit unserem astralischen Leib unser Nervensystem und schicken dann dasjenige, was auf diese Weise zustande kommt, hinein in den ätherischen Leib und in den physischen Körper; denn man muß, wenn man in der physischen Welt leben will, alles dasjenige, was man im Ich und im astralischen Leibe erlebt, hinunterschicken in den ätherischen Leib und in den physischen Körper. Deshalb glaubt der Materialismus, daß der physische Körper alles sein könne im Menschenwesen, weil tatsächlich alles sich im physischen Körper abdrücken muß, sich offenbaren muß in dem Leben zwischen der Geburt ... und dem Tode.

Aber diese Arbeit des Eingliederns der Erlebnisse des Erdendaseins in den ätherischen Leib und in den physischen Leib, das geht nicht ohne Hindernisse und Hemmnisse vor sich. Wir sind niemals ohne weiteres eigentlich imstande, dasjenige, was wir durch die Sinne erleben, dasjenige, was wir durch unser Denken eingliedern in unser Nervensystem, unmittelbar auch hinunterzuschicken in die Organe, die zugehörig sind dem Bildekräfteleib und dem physischen Leib. Dasjenige, was wir aus der äußeren physischen Welt aufnehmen, ist zunächst, indem wir es aufnehmen, so gestaltet, so geformt, daß es dem äußeren Dasein gleicht. Wenn wir zum Beispiel irgend etwas wahrnehmen, das eckig gestaltet ist, so bildet sich für uns zunächst innerhalb unseres Ich und unseres astralischen Leibes das Erlebnis des Eckigen aus. Aber das kann nicht unmittelbar in den ätherischen Leib aufgenommen werden. Der ätherische Leib sträubt sich zunächst gegen dieses Aufnehmen desjenigen, was wir an der sinnlichen Außenwelt erleben. In diese Verhältnisse kann nur die imaginative Erkenntnis aufklärend hineinwirken. Die gewöhnliche sinnliche Beobachtung oder auch das sinnliche Experiment am Menschen oder die intellektualistische Überlegung reichen nicht hin, um diesen Vorgang anzuschauen, der da besteht in dieser notwendigen Umbildung und Umgestaltung desjenigen, was wir sinnlich wahrnehmen, damit es geeignet werde, in unserem Ätherleib und physischen Leib nun fortzuleben, so daß wir uns auch von ihm trennen können im Schlafe. Und erst wenn man beobachten kann, wie das Verhältnis zwischen Wachen und Schlafen beim Erdenmenschen eigentlich ist, dann kommt man darauf, daß im Leben ein fortwährender Kampf stattfindet. Man nimmt einen äußeren Eindruck auf, ein äußeres Erlebnis. Das kann aber nicht sogleich hinunter in den physischen und ätherischen Leib, weil, wenn ich mich dieses groben Beispiels bediene, das Erlebnis, das man hat an einem eckigen Ding, hinein muß in den ätherischen Leib, in den physischen Leib hinein, indem es erst gerundet wird, indem es erst dessen eigene Form annimmt. Es muß eine gründliche Umformung stattfinden.

Dieses Umformen dessen, was zunächst so flüchtig lebt, wie das Ich und der astralische Leib selber, in ein plastisches Gebilde, das dann leben kann im ätherischen Leibe, und in eine plastizierende Bewegung, die dann fortexistieren kann im physischen Leibe, dieses Umformen, das gibt einen innerlichen Kampf, der für das gewöhnliche heutige menschliche Bewußtsein allerdings unbewußt bleibt. Aber wer die imaginative Erkenntnis hat, kann diesen Kampf anschauen, der in der Regel zwei bis drei Tage andauert. Man muß zwei-, manchmal dreimal geschlafen haben über einem Erlebnis, bis es sich verbindet mit den anderen Erlebnissen, die schon Abdrucke im physischen und im ätherischen Leibe sind. ... Und die Traumeswelt drückt eigentlich äußerlich, aber eben nur äußerlich diesen Kampf aus. Indem der Mensch träumt, schieben sich ... sein Ich und der Astralleib in den Ätherleib und physischen Leib hinein, stauen sich. Dieses Stauen, das ist der Ausdruck des Kampfes, den ich Ihnen jetzt schildere und der ungefähr zwei bis drei Tage dauert. Wenn man einmal über dem Erlebnis geschlafen hat, so ist noch nicht genügend hineingesenkt in den ätherischen Leib. Erst wenn man zwei- bis dreimal darüber geschlafen hat, ist es eingesenkt in den ätherischen Leib. So daß man da, wo der Mensch lose verbunden ist in bezug auf seinen astralischen Leib und ätherischen Leib, ein fortwährendes Ineinanderweben sieht.

... [Es] findet beim Aufwachen oder Einschlafen an der Grenze ein fortwährender Kampf statt, eine lebendige Regung, die sich äußerlich im Traume ausdrückt, die aber innerlich dieses Einverweben der Erlebnisse in den ätherischen und physischen Leib bedeutet. ... denn das ist es, worauf es ankommt, daß sich das Erlebnis in Erinnerung umwandelt, die dann ebenso im Bette liegenbleibt, wenn wir schlafen, weil sie im wesentlichen der Ausdruck des physischen und ätherischen Leibes in Gedanken ist. –

Es ist ein ungeheuer interessantes Erlebnis für die imaginative Erkenntnis, dies wahrzunehmen. Schon die Form, in der sich dieses ausdrückt, ist bedeutsam. Wir gehen an die äußeren Erdenerlebnisse so heran, daß wir ihnen nach den naturalistischen Gesetzen bestimmte Konturen geben. Wir erleben eben dasjenige, was in unserem Erdendasein vorhanden ist, mit bestimmten Konturen, man möchte sagen in naturgesetzlicher Form. Diese Naturgesetze werden aufgelöst, indem sich die Erlebnisse eingliedern in das Ätherische. Es geht alles, was hier bestimmte Konturen hat, in, ich möchte sagen weich Bildliches über. Was ruht, wird bewegt, was eckig ist, wird gerundet. Es geht alles über aus dem, was man als intellektueller Mensch erlebt, in dasjenige, was man als künstlerischer Mensch erlebt.

... Denn in dem Augenblicke, wo man hinaufkommt ins Übersinnliche, geht das Intellektuelle in seiner intellektuellen Form sofort verloren, und es verwandelt sich alles in ein Künstlerisches.» *(GA 227, S. 153–158)*

Dieses Erinnerungsgut, das sich im Leben eines Menschen angesammelt hat, löst sich nach dem Tode wieder auf, nachdem es drei Tage als Gesamttableau in lebendigen Bildern vor dem Menschen rückwärts abgelaufen ist.

## Vom Einfluß der Tageserinnerungen auf die Traumbildung

Wie wir im vorhergehenden Abschnitt gesehen haben, flutet ein Tageserlebnis im Laufe von drei Tagen in den Ätherleib hinein. Am nächsten Tag folgt ihm das einen Tag später Erlebte, aber jedes einzelne Erlebnis selbst verweilt drei Tage im Astralleib und im Ich. Das wiederum hat Einfluß auf die Traumbildung. Dieser Abschnitt soll diesen Einfluß näher beschreiben.

«Mit der Traumbildung ist es ja so, daß eigentlich die Träume immer unmittelbar anklingen an die Erlebnisse des soeben vergangenen Tages oder an die des zweitvergangenen oder des drittvergangenen Tages. Und ebenso, wie wir etwas träumen aus dem vergangenen Tage, dies aber in einer Gedankenassoziation mit anderen, früheren unserer Erlebnisse steht, so kommem auch diese anderen Erlebnisse des Menschen im Traume herauf. Wir träumen zum Beispiel, daß wir gestern mit einem Menschen dies oder jenes gesprochen haben. Das gestrige Erlebnis tritt noch unmittelbar ins Traumleben ein. Aber wir haben mit diesem Menschen in lebendiger Weise von jemandem geredet, den wir vielleicht vor zehn Jahren und seitdem nicht wieder gesehen haben. Indem dieses Erlebnis sich in das Gespräch hineingesponnen hat, träumen wir von jenem Menschen allerlei herauf. ... Es ist nun bei den einzelnen Menschen verschieden. Der eine träumt nur, was am letzten Tage war; ein anderer träumt, was er am vorhervergangenen Tage erlebt hat; wieder ein anderer träumt, was drei, vier Tage vorher war.» *(GA 215, S. 171/172)*

«Ich möchte aber darauf aufmerksam machen, daß derjenige, der das Traumleben wirklich beobachten kann, weiß, daß das unwillkürliche Heraufkommen von Träumen immer irgendwie zusammenhängt mit den Eindrücken der letzten Tage, eigentlich nur der letzten zwei bis drei Tage. Aber mißverstehen Sie mich nicht! Selbstverständlich kommen im Traum längst verflossene Ereignisse als Reminiszenzen herauf. Aber etwas anderes ist es, was diese längst verflossenen Ereignisse heraufruft. Wenn man genau den Traum beobachten kann, wird man immer sehen, daß irgendeine hervorrufende Vorstellung aus den letzten zwei bis drei Tagen da sein muß. Die ruft erst längst verflossene Ereignisse hervor. Durch zwei bis drei Tage haben die Eindrücke der Außenwelt die Kraft, Träume zu erzeugen. ... Nun muß man allerdings das, was ich jetzt angedeutet habe, wirklich beobachten können, denn das gewöhnliche Bewußtsein kann es nicht beobachten. Es ist ja das gerade deshalb in den weitesten Kreisen heute so unbekannt, weil es im Unbewußten verläuft. Der Mensch eignet sich in der Regel heute kein Wissen davon an, wie er anders steht zu einer Vorstellung, die noch nicht zwei bis drei Tage in seiner Seele anwesend ist, und zu einer solchen, die schon lange anwesend ist. Alle diese Dinge kann man genau und richtig eigentlich nur als Geistesforscher beobachten.» *(GA 67, S. 49/50)*

Und diese Forschung zeigt uns, daß eine ähnliche Wirkung der verschieden alten Vorstellungen auch in unserem Wachzustand besteht:

«Eine Vorstellung, die durch einen Eindruck hervorgerufen wird, tyrannisiert uns allerdings. ... man ist von diesen Vorstellungen abhängig, aber nur eine gewisse Zeit. Und diese Zeit läßt sich sogar, ich möchte sagen, innerlich experimentell bestimmen. Diese Zeit dauert nur zwei bis drei Tage. ... Nach dieser Zeit verändert sich aber die Kraft, mit welcher ein solcher Eindruck auf unsere Seele wirkt. ...

Ich werde dann mich nicht der Assoziation, die dieser Eindruck hervorrufen will, überlassen, sondern ich habe die innere Kraft, diesen Eindruck mit anderen zusammenzustellen. Eine vollständige Umwandlung eines Vorstellungseindrucks geht [nämlich] in der menschlichen Seele vor sich, wenn dieser Vorstellungseindruck zwei bis drei Tage in der Seele geweilt hat.» *(GA 67, S. 48/49)*

Dieser besondere Tatbestand soll noch von einem anderen Gesichtspunkt aus betrachtet werden:

«Wenn der Mensch heute seine Träume betrachtet, so wird er finden, daß in diese Träume, die eine Art chaotischen Charakters annehmen, aus seinen Erlebnissen in diesem Erdendasein das

Mannigfaltigste einmündet. Längst Vergessenes taucht in den Traumerlebnissen auf, in mannigfaltiger Weise verändert; sogar im Leben Unbeachtetes kann in den Traumerlebnissen heraufkommen. Und auch die Zeiten, in denen die Erlebnisse geschehen sind, werden ja in mannigfaltigster Weise durcheinander gewürfelt. Aber wenn man dann genauer eingeht auf diese Traumeserlebnisse, so stellt sich doch etwas ganz Eigentümliches heraus. Man wird finden, daß im wesentlichen doch alles, was da in dem Trauminhalt herauftaucht, irgendwie, wenn auch noch so entfernt, anknüpft an die Erlebnisse der letzten drei Tage. Sie können träumen, daß Sie wieder vor sich haben etwas, was Sie vielleicht vor fünfundzwanzig Jahren erlebt haben. In aller Lebendigkeit steht es vor Ihnen, vielleicht etwas verwandelt, aber es ist da. Doch wenn Sie genauer zusehen, werden Sie immer Entdeckungen von der folgenden Art machen: In diesen Traum, der ein Erlebnis von vor fünfundzwanzig Jahren heraufbringt, spielt eine Persönlichkeit hinein, die, sagen wir, ... Eduard heißt. Sie werden wenigstens finden, daß Sie irgendwo, wenn auch nur leise an Ihrem Ohr vorübergehend, das Wort Eduard gehört oder leise an Ihrem Auge vorübergehend es gelesen haben. Mit irgend etwas aus den letzten drei Tagen, wenn es auch ein noch so unbedeutendes Erlebnis ist, steht immer, auch das Entfernteste, was im Traum heraufgeholt wird, in Beziehung. Das beruht aber darauf, daß der Mensch die Erlebnisse von zwei, drei und vier Tagen – es ist natürlich eine solche Zeitangabe approximativ, annähernd nur – eigentlich ganz anders in sich trägt als dasjenige, was früher da war.

Der Mensch nimmt ja zunächst das, was er wahrnimmt, in seinen astralischen Organismus und seinen Ich-Organismus auf. Da führen zunächst die wahrgenommenen Erlebnisse ein unmittelbar mit dem Bewußtsein zusammenhängendes Leben. Dasjenige, was im Laufe von drei Tagen erlebt worden ist, geht doch noch in einer ganz intensiveren Weise an das Gefühl heran, als wenn wenigstens drei Tage vergangen sind. ... Es rührt dies davon her, daß alles dasjenige, was vom Menschen wahrnehmend oder in Gedankenprozessen hereingenommen wird in den astralischen Organismus und in den Ich-Organismus, eingedrückt, eingeprägt werden muß dem Äther- oder Bildekräfteleib, aber auch in einer gewissen Beziehung wenigstens dem physischen Leib. Und diese Einprägung braucht zwei, drei, vier Tage, so daß man zwei- und dreimal schlafen muß über irgend etwas, das man erlebt hat, bis es in den Ätherleib und in den physischen Leib eingeprägt ist. Denn erst dann sitzt es sozusagen so fest, wenigstens im Ätherleibe, daß es nun bleibend Gedankenerinnerung für einen werden kann.» *(GA 228, S. 131–133)*

'Beim Träumen ist es so, daß wohl ein Eindruck dem Ätherleib eingeprägt wird, aber meistens nicht oder nur ganz schwach dem physischen Leib. Dann weiß der Mensch wohl, daß er geträumt hat, aber er kann sich nicht an den Traum erinnern.' *(s. GA 162, S. 52)*

«Und so findet eigentlich beim Menschen fortwährend eine innere Wechselwirkung, eine Art von Kampf statt zwischen dem astralischen Leib und dem Ätherleib, und das Ergebnis dieses Kampfes ist stets, daß dasjenige, was der Mensch zunächst als Bewußtseinswesen erlebt, sich in die dichteren, materiellen Elemente seines Wesens einprägt, eingestaltet. ...

Da geschieht nämlich eigentlich etwas außerordentlich Wichtiges. Bedenken Sie nur, daß wir ja unserem wahren Wesen nach im Grunde nur sind unser Ich und unser astralischer Leib. Wir können von unserem Ätherleib nicht sagen, daß er unser Eigentum ist. Die Menschen der materialistischen Zeit maßen sich an, ihren Ätherleib, und namentlich ihren physischen Leib, *ihren* Leib zu nennen. Aber physischer Leib und Ätherleib gehören eigentlich ganz dem Kosmos an. Und indem im Laufe von drei, vier Tagen dasjenige, was wir im Ich und astralischen Leib erleben, dem Ätherleib und physischen Leib übergeben wird, gehört es uns nicht mehr allein, gehört es [auch] dem Kosmos an. Wir können eigentlich nur durch drei Tage hindurch sagen, daß irgend etwas, was wir mit der Welt abgemacht haben, nur für uns eine Bedeutung habe. Nach drei, vier Tagen haben wir es in das Weltenall eingeschrieben, ruht es im Weltenall darin, gehört nicht uns allein, gehört den Göttern mit.» *(GA 228, S. 133/134)*

Und was geschieht nun im Kosmos mit diesem in der äußeren Welt Erlebten, da es doch in unseren Träumen nie so wieder auftritt – weder im Bildgeschehen noch in derselben Zeitfolge – wie es im Leben gewesen ist?

Die Beantwortung dieser Frage im folgenden Abschnitt stellt gleichzeitig eine Ergänzung zu den Ausführungen im Abschnitt «Traumbilder aus der Astral- oder Seelenwelt» (Seite 31ff.) dar und zeigt dabei einen neuen Zugang zum Traumgeschehen.

DIE VERWANDELNDE KRAFT IN DEN TRÄUMEN

Nach welchen Gesetzen verwandeln sich die Vorstellungen und die Träume, die ja durch die Tageserlebnisse ausgelöst werden? Der Einfluß der vergangenen Erdenleben wurde schon dargestellt, ist aber nur eine der Ursachen, «warum sich Träume ihrem Inhalte nach verwandeln. Aber immerhin, sie verwandeln sich stark, das weiß ja jeder. Und man muß sich eigentlich fragen: Was ist denn in diesen Träumen enthalten, was wirkt denn da drinnen? Es sind ja schließlich äußere Ereignisse, welche die Veranlassung zu dieser Art von Träumen geben, aber diese äußeren Ereignisse treten in einer ganz verwandelten Gestalt auf.

Woher kommt denn das? Sehen Sie, das kommt von etwas, wovon sich allerdings die naturwissenschaftliche Anschauung der Gegenwart nicht das Geringste träumen läßt. Das kommt davon her, daß diejenige Gesetzmäßigkeit, die heute als die naturwissenschaftliche anerkannt wird, die in der Außenwelt überall gesucht wird durch Beobachtung, Experimentierkunst, daß diese Gesetzmäßigkeit, diese Summe von Naturgesetzen, von denen wir sprechen, gleich innerhalb der menschlichen Haut aufhört. Und wenn jemand eben glaubt, die Naturgesetze, die er in seinem Laboratorium konstatiert, seien auch diejenigen Gesetze, die innerhalb der menschlichen Haut wirken, so ist er bedeutsam auf dem Holzwege. Nicht nur, daß die Substanzen innerhalb seines Organismus, die der Mensch durch die Nahrungsaufnahme zu sich nimmt, verändert werden, auch die Gesetzmäßigkeiten der Substanzen bis in die geringsten atomistischen Einzelheiten ändern sich. Aber was im Traum vor dem Menschen erscheint, das ist nun nicht bloß das abstrakte Bild einer Wirklichkeit, sondern in dem Traum lebt das Weben der organischen Gesetze, in die der Mensch eingeschaltet ist. Der Traum steht dem Menschen näher als das abstrakte Denken des Tages. Der Traum enthält die Art und Weise, wie sich die äußeren Stoffe im Menschen benehmen als seine Gesetzmäßigkeit. Und als was stellt sich der Traum dar? Als ein Protest gegen die Wirklichkeit, die in die Naturgesetze eingespannt ist. Sie leben vom Einschlafen bis zum Aufwachen in der Welt, von der die Naturforscher sagen, nach diesen Gesetzen spielt sich alles in der Welt ab. In dem Augenblick, wo Sie durch den Traum, ich möchte sagen, nur ein Spinnwebchen durchstechen in die geistige Welt hinein, stellt sich das Traumerleben als ein Protest gegen die Naturgesetze dar. Der Traum kann nicht so verlaufen, wie die Ereignisse äußerlich verlaufen sind, sonst wäre er sehr nahe dem Wachen. Der Traum, der aus dem eigentlichen Schlaf auftaucht, der protestiert in seinem Zusammenhang gegen die Naturgesetze. Denn er geht näher an den Menschen heran. ...

Und der Mensch müßte sich eigentlich sagen: Da trete ich ein in eine ganz andere Ordnung, und erscheint sie auch nur in der flüchtigen Gestalt des Traumes, so erscheint sie als ein Protest gegen die schönsten Naturgesetze, die man äußerlich durch Laboratorium und Experiment feststellen kann. – Aber sehen Sie, das ist die erste Etappe hin zur geistigen Welt. Auf dieser ersten Etappe trifft man den Protest gegen die Naturgesetze an. Da sind die Naturgesetze, ich möchte sagen, ihrer Majestät entsetzt, sobald man in das innere Wesen des Menschen eindringt. ...

Dasjenige, was wir erleben in der äußeren Welt, seien es unsere Empfindungen, seien es unsere Handlungen: drei, vier Tage braucht es [wie im vorangehenden Abschnitt dargestellt wurde], um sich in unseren Organismus einzuprägen. Aber wenn es sich eingeprägt hat, prägt es sich nicht in der Form ein, wie wir es äußerlich erlebt haben, es prägt sich ein als Impuls, der eine moralische Ausgestaltung in einer ganz anderen Gesetzmäßigkeit verlangt als die Naturordnung. Und würde der Mensch sehen, wozu seine Erlebnisse nach drei Tagen in seinem eigenen Inneren werden, so würde er sich sagen: Was ich auf naturhafte Weise im irdischen Dasein erlebt habe, das hat sich [auch] meinem ewigen Seinskern eingeprägt, so daß es nicht weniger real ist als in der äußeren Welt, aber in mir nunmehr als der Impuls einer moralischen Weltenordnung lebt, auf dem ich nun weiter auf den Ozean des Lebens hinausgehe. – So tragen wir die Ereignisse desjenigen, was wir naturhaft erlebt haben, als die moralischen Ursachen für unser späteres Leben in uns.» *(GA 228, S. 135/136 u. 138–140)*

So weisen uns die Träume hin auf die verwandelnden Kräfte einer moralischen Weltordnung, aus denen heraus im tiefen, verborgenen Seeleninnern an dem Ich gearbeitet wird, und wovon wir etwas ahnen können, wenn wir unsere Träume in der rechten Weise betrachten. Wie das geschehen kann, soll im nächsten Abschnitt dargestellt werden.

### VOM ERLEBEN ZUM VERSTEHEN DES TRAUMES

Wir haben «eben zwischen dem Einschlafen und dem Aufwachen unser gesamtmenschliches Leben da. In unserem Innern müssen wir uns mit unserem gesamtmenschlichen Leben entgegenstellen demjenigen, was wir in diesem Erdenleben vorstellen, denken können nach unseren Erfahrungen, und bekommen dadurch die sonderbaren Gestaltungen des Traumes heraus. Daher ist es gerade beim Traum so schwierig, seinen Inhalt, den er zunächst darbietet, und der ein vollständiges Gaukelbild sein kann, zu unterscheiden von der wahren Wirklichkeit, die eigentlich immer dahintersteckt. Diese wahre Wirklichkeit kann etwas ganz anderes sein. Aber derjenige gewöhnt sich nach und nach, in das ganze verwickelte Geschehen des Traumlebens sich hineinzufinden, der eben darauf aufmerksam wird, daß man beim Traume weniger dasjenige zu beachten hat, was einem in Bildern vor die Seele gezaubert wird, denn diese Bilder werden geformt von dem ja eigentlich im Bette zurückgelassenen ätherischen Leib, der die Gedanken, die Vorstellungen eben in sich trägt. Diese Vorstellungen hat man ja nicht in seinem eigentlichen inneren Wesen während des Schlafes. Man muß diesen Inhalt der Vorstellungen unterscheiden von etwas anderem, und dieses andere möchte ich nennen den dramatischen Verlauf des Traumes. Man muß sich allmählich gewöhnen, an den dramatischen Verlauf des Traumes so seine Aufmerksamkeit zu wenden, daß man sich frägt: Verläuft dieser Traum so, daß er, wenn die betreffenden Tatsachen im Tagesleben erfahren würden, ungeheure Freude machen würde? Hat man auch im Traume diese Freude, diese Befreiung erlebt, oder segelt man hinein im Traume in eine Katastrophe? Geht man von einer gewissen Exposition, wo sich Dinge zeigen können, dann verwickeln und dann ein Absturz kommt, über zu irgendeiner Katastrophe? Diese Fragen sollte man in erster Linie beachten, wenn das Traumleben in Betracht kommt, also nicht den gedanklichen Inhalt, sondern das dramatische Geschehen.

Es kann jemand träumen, er steigt auf einen Berg hinauf; die Bergwanderung wird immer schwieriger und schwieriger. Er kommt endlich an einen Punkt, wo er nicht weiter kann, wo sich ihm ungeheure Hindernisse entgegentürmen. Er empfindet diese Hindernisse wie etwas, was in sein Leben bedeutsam hineinragt. Gut, es kann jemand diesen Traum haben. Man könnte ihn weiter ausmalen. Aber er oder ein anderer kann einen anderen Traum haben: er bewegt sich durch den Eingang einer Höhle, die irgendwo meinetwillen in einen Bergkeller hineinführt. Er hat, nachdem er den Eingang durchschritten hat, noch etwas Helligkeit. Dann wird es immer finsterer und finsterer. Aber endlich kommt er an eine Stelle, wo es nicht nur völlig finster ist, sondern wo ihm auch entgegenkommen die furchtbarsten Kältewirkungen und dergleichen, so daß er von dieser Stelle aus nicht weiter in die Berghöhle hineindringen kann.

Sehen Sie, da haben Sie zwei dem Inhalte nach ganz verschiedene Träume; dramatisch stellen sie beide dar ein Unternehmen, das anfangs geht, dann Schwierigkeiten bietet, dann an ein unüberwindliches Hindernis kommt. Die Bilder sind ganz verschieden, der dramatische Verlauf ist der gleiche. Beiden Träumen kann nun dasselbe Ereignis in der übersinnlichen Welt, gewissermaßen hinter der Szene des Lebens zugrunde liegen. Es kann bei beiden Träumen ganz dasselbe in der Seele vorgegangen sein, und ganz dasselbe kann sich in den verschiedensten Bildern nach außen hin zum Abbilde bringen.

Das will eben darauf aufmerksam machen, daß man nicht in äußerlicher Weise, wie es so häufig vorkommt, aus dem Inhalt der Träume zu schließen habe, sondern aus dem dramatischen Verlauf zunächst sich zu unterrichten habe, durch was des Menschen Seele und Geist da durchgegangen sein kann. Dann wird man, wenn man außerdem noch sein Vorstellungsvermögen dabei unterstützt durch solche Übungen, von denen ich ... gesprochen habe, dann wird man allmählich immer mehr und mehr hineinkommen, aus der illusionären Bilderwelt des Traumes heraus dasjenige durch die Dramatik hindurch erfassen zu können, was eigentlich als eine übersinnliche, zwischen dem Einschlafen und Aufwachen erlebte Wirklichkeit dem Traume zugrunde liegt.» *(GA 227, S. 85–87)*

«Die Träume haben in ihrer chaotischen Art und Weise, in ihrem Auf- und Abwogen, das scheinbar ganz gesetzlos ist, doch eine feine innere, intime Gesetzmäßigkeit, und sie sind, wie wir gleich sehen werden, etwas von dem, was in den unterbewußten Regionen des Seelenlebens spielt und gleichsam nur heraufschlägt, die oberen Regionen berührt, aber sich nicht unter die Herrschaft des Menschen zwingen läßt. Es soll niemals meine Art sein, in diesen Vorträgen irgend etwas bloß Ausgedachtes zu geben, sondern nur, wie man es auch in der Naturwissenschaft macht, was dem Leben, der Erfahrung oder dem geisteswissenschaftlichen Experiment entlehnt ist. ... Es sei zunächst ein ganz einfacher Traum erzählt, der uns vielleicht komisch anmuten muß, der aber charakteristisch ist für den, welcher tiefer in die verborgenen Tiefen der Seele eindringen will. [Beispiel wie auf Seite 24, aber jetzt ausführlicher erzählt wegen der in diesem Abschnitt angesprochenen Problematik.]

Eine Bäuerin träumte einmal, daß sie auf dem Wege zur Stadt und auf dem Wege zur Kirche ist. Sie träumt ganz genau, wie sie zur Stadt kommt, wie sie zur Kirche hineingeht, wie der Prediger auf der Kanzel steht und predigt. Sie hört deutlich die Predigt des Geistlichen. Es war ihr ganz wunderbar, wie der Geistliche inbrünstig und tief zum Herzen gehend predigte. Insbesondere aber machte auf sie einen tiefen Eindruck, wie der Geistliche die Hände ausbreitete. Diese Geste des Unbestimmten, das auf viele Menschen einen noch tieferen Eindruck macht als das Bestimmte, machte auf die Frau einen ganz tiefen Eindruck. Da geschah nun etwas Merkwürdiges. Im Traum verwandelte sich plötzlich die Gestalt des Predigers wie auch seine Stimme, und zuletzt, nachdem der Traum durch viele Zwischenphasen durchgegangen war, zeigte sich, daß von den schönen früheren Worten des Predigers nichts mehr geblieben war. Er sprach nicht mehr so wie früher, sondern seine Stimme hatte sich umgewandelt in das Krähen eines Hahnes, ja er selbst war zu einem Hahn mit Hahnenflügeln geworden. Die Frau wacht auf: da draußen vor dem Fenster kräht der Hahn!

Vieles zeigt uns, wenn wir auf eine solche Sache eingehen, dieser Traum. Zunächst zeigt er uns, daß wir mit den gewöhnlichen Zeitvorstellungen nicht rechnen dürfen, wenn wir den Traum erklären wollen. Was Zeitvorstellungen ausdrücken, wenn wir im wachen Leben zurückblicken, das können wir für den Traum nicht als maßgebend betrachten. Denn es ist zweifellos, wie Ihnen aus eigenen Traumerlebnissen sehr erklärlich sein wird, daß die Träumerin sich den Traum über lange Zeit ausgedehnt denken muß, denn sie träumte, wie sie Schritt für Schritt zur Stadt ging, wie sie in die Kirche hineinging, wie der Prediger auf die Kanzel stieg, wie sie die Predigt hörte und so weiter. Dafür würde man in der physischen Welt lange Zeit brauchen. So lange hat ganz bestimmt der Hahn nicht gekräht. Aber sie ist durch das Hahnenkrähen aufgewacht. Was nun das Hahnenkrähen in dem Seelenleben der Frau ausgelöst hat, das ergänzt sich zu der zurücklaufenden Traumvorstellung, zu den Traumbildern. Sie sieht auf eine Welt zurück, die sie glaubt durchlebt zu haben. Diese Welt erfüllt sich mit Bildern, die von ihr aus dem gewöhnlichen Leben entlehnt sind. Aber die Veranlassung, die äußere Ursache: der Hahnenschrei hat sich rasch abgespielt. Wenn wir es äußerlich ins Auge fassen, so würden wir eine Zeit bekommen als Ursache für das, was die Frau in ihrer Seele erlebte, die ganz kurz [etwa 2 Sek.] wäre im Verhältnis zu der Zeit, über welche die Frau ihre Traumerlebnisse ausgedehnt denkt [etwa 3 Stunden].

Wenn uns nun die Geisteswissenschaft sagt, daß der Mensch vom Einschlafen bis zum Aufwachen nicht in seinem physischen und Ätherleibe ist, sondern mit seinem astralischen Leib und seinem Ich außerhalb derselben in einer Welt ist, die nicht für äußere Augen sichtbar, die übersinnlich ist, so müssen wir uns dann konkret vorstellen, daß aus diesem Leben jene Frau durch den Hahnenschrei herausgerissen worden ist. Es wäre eine ganz haltlose Vorstellung, wenn der Mensch sich denken wollte, daß er in jener Welt, in welcher er vom Einschlafen bis zum Aufwachen ist, nicht ebenso Erlebnisse hätte wie in der physischen Welt. Aber diese Erlebnisse müssen rein seelischer Natur sein. Indem die Frau aufwacht, spielt in ihr Aufwachen hinein der Hahnenschrei, und sie blickt im Aufwachen auf das zurück, was sie [vorher in der geistigen Welt] erlebt hat. Wir müssen nun durchaus nicht die Bilder, die sie durchlebt, alles, was ihr der Traum vorgaukelt, als etwas auffassen, was sie während des Schlafes wirklich erlebt hat, sondern wir müssen es so auffassen – wir kommen erst dann mit der ganzen Erscheinung des Traumlebens zurecht –, daß die Frau eigentlich nicht fähig ist, in dasjenige hineinzublicken, was sie bis zum Morgen, bis zum Momente des Aufwachens erlebt hat. Als aber der Moment des Aufwachens herantritt, da wird ihr durch das Aufeinanderprallen des Schlaflebens und des Wachlebens klar, daß sie etwas erlebt hat, nicht was sie erlebt hat. Und das veranlaßt sie, in das Schlafleben die Bilder hineinzuschieben, die nun symbolische, sinnbildliche Erlebnisse aus dem Tagesleben [aber keine Symbole oder Sinnbilder für ihre gerade vergangenen Schlaferlebnisse] sind. Es ist so, wie wenn die Frau etwas, was sie oft im Tagesleben gesehen hat, zu Bildern vereinigt, diese hinstellt und gleichsam dadurch ihre Schlaferlebnisse zudeckt. Daher erscheint auch als Zeitverlauf nicht das, was sich wirklich abgespielt hat, sondern diese Vorstellungen, die wie ein Vorhang vor das Schlafleben hingeschoben werden, erscheinen in ihrem eigenen Zeitverlaufe mit der Zeit ausgestattet, welche die Bilder haben müssen, wenn sie als äußere physische Wahrnehmungen erfahren werden sollen. Wir müssen daher sagen, daß die Bilder des Traumes in vieler Beziehung eher ein Verdecken, ein Verhüllen dessen sind, was der Mensch im Schlafe erlebt, als ein Aufdecken desselben. Es ist wichtig, daß der Traum zwar durch die Bilder, die der Mensch selber vor sein Schlafleben stellt, etwas ist, was geschieht, aber kein Abbild dessen ist, was geschieht, sondern daß nur auf etwas hingewiesen wird, was im Schlafe erlebt wird. Dafür kann als Beweis dienen, daß diese Träume, die der Mensch durchmacht, je nach dem Seelenleben des Menschen durchaus verschieden sind. Bei einem Menschen, der von diesem oder jenem aus seinen Tageshandlungen oder durch ein böses Gewissen gequält wird, werden andere Traumbilder auftreten als bei demjenigen, der sich während des Schlaflebens in das versenken kann, was seine Seele, wenn sie in die übersinnliche Welt kommt, mitnehmen kann an Befriedigungen und Seligkeiten über irgend etwas im günstigen Sinne Vollbrachtes oder an Dingen, durch die ihr das Leben sinnvoll wird. Die Qualitäten, nicht die Erlebnisse selbst, deuten darauf hin, daß sie etwas sind, was in den verborgenen Tiefen des Seelenlebens vorgeht.» *(GA 61, S. 135–139)*

'Was in den verborgenen Tiefen der Seele vorgeht, erlebt der Mensch im Traum intensiv als eine wirkliche Welt, obwohl – wie wir sahen – die eigentliche Wirklichkeit hinter diesen Traumbildern steht. Und diese Wirklichkeit wurzelt oft in lang vergangenen Erdenleben oder weist hin auf spätere Erdenleben. Dasjenige, was der sich fortziehende Schicksalsfaden im menschlichen Leben ist, vielleicht durch viele Erdenleben hindurch, das ist es, was in die Träume hineinspielt. Der Mensch hat es im Traum in der Tat mit dem zu tun, was sein individueller Wesenskern, sein fortströmendes Ich ist, an dem er in der Seelenwelt zusammen mit geistigen Wesen die ganze Nacht hindurch arbeitet.

Dieses – sowohl das Arbeiten in Gemeinschaft mit geistigen Wesen als auch das Erleben des eigenen höheren Wesens – ist als realer Traum vorhanden, auch wenn der Mensch im gewöhnlichen Bewußtsein keine Ahnung davon hat. Der Mensch träumt nämlich vom Abend bis zum Morgen während seines ganzen Schlafes, denn traumlos schlafen heißt nur, daß die Träume so sehr herabgedämpft sind, daß man nichts von ihnen merkt.

Es sei noch einmal betont: Irgend jemand mag dieses oder jenes in den Bildern des Traumes vor sich haben, hinter diesen Bildern arbeitet seine Seele, sein Ich an dem eigenen Karma.' *(s. GA 257, S. 185/186, 190, 186, 175, 190)*

## WARUM LOGIK UND MORAL
## IM TRAUMLEBEN SCHWEIGEN

Was wir schon früher in diesem Kapitel (S. 26ff.) über den Protest der Seele gegenüber dem intellektuellen Denken im gewöhnlichen Leben und über das Erleben der sittlichen Impulse im Schlafe und deren Wirkung für den Menschen in der nächsten Inkarnation gesagt wurde, das spiegelt sich in zwei Eigentümlichkeiten des Traumlebens: es fehlt in ihm einerseits das logische Denken, und andererseits schweigt das moralische Urteil. Warum das so ist, soll der folgende Abschnitt deutlich machen.

«Wenn man das Traumleben in seiner ganzen Breite verfolgt, so findet man zwei Eigentümlichkeiten, die besonders ins Auge gefaßt werden müssen. Die eine ist, daß im Traumleben dasjenige schweigt, was wir im Leben gewöhnlich als Logik bezeichnen. Der Traum hat eine ganz andere Regel für die Art, wie er von einem zum andern Gegenstand übergeht, als die gewöhnliche Logik. Nun werden Sie selbstverständlich einwenden können: Ja, aber manche Träume sind doch so, daß der Traum ganz logisch verläuft. Das ist aber nur scheinbar. Wer diese Dinge wirklich intim beobachten kann, weiß, daß es nur scheinbar ist. Wenn Sie Traumvorstellungen haben, die aufeinanderfolgen in logischer Verkettung, so rührt das nicht davon her, daß Sie während des Traumes selbst diese logische Verkettung herbeiführen, sondern es rührt davon her, daß Sie Vorstellungen aneinanderreihen, die Sie schon einmal im Leben logisch zusammengegliedert haben, oder die sonst durch irgend etwas im Leben logisch zusammenhängen. Da ist die Logik Reminiszenz, da ist die Logik in den Traum hineingetragen, die Traumhandlung selbst geht nicht nach den Regeln der gewöhnlichen Logik vor sich. Man kann immer sehen, daß ein tieferes, intimeres Element der Seele der Traumhandlung zugrunde liegt. Jemand träumt zum Beispiel – ich erzähle einen wirklichen Traum –, er muß zu einem Bekannten gehen, und er weiß, daß dieser Bekannte ihn über irgend etwas ausschelten wird. Er träumt, daß er tatsächlich zur Tür der Wohnung dieses Bekannten kommt. In dem Augenblick ist aber die ganze Situation verwandelt. Als er durch die Tür des Bekannten eintritt, tritt er in einen Keller ein, in dem wilde Tiere sind, die ihn auffressen wollen. Da fällt ihm ein, daß er doch zu Hause eine ganze Reihe von Stecknadeln hat, und diese Stecknadeln spritzen Säfte aus, durch die diese wilden Tiere getötet werden können. Die Stecknadeln sind auch schon da, und er schießt mit ihnen auf die wilden Tiere. Da verwandeln sich diese in lauter junge Hunde, die er nun sanft streicheln will. – Sie sehen aus diesem Traum, der einen typischen Traumverlauf darstellt, wie es sich wieder darum handelt, die Spannung, die hervorgerufen wird durch eine Ängstlichkeit, hervorgerufen gegenüber dem Freunde, die sich in den wilden Tieren ausdrückt, zu entspannen dadurch, daß die Seele sich vorzaubert die Verwandlung der wilden, grausamen Tiere in liebliche junge Hunde. Sie sehen, das ist etwas anderes als das Logische. Allerdings, ein wichtiger Einwand ist da. Wer das Traumleben kennt, weiß, daß folgendes schon oft vorgekommen ist: Man hat sich angestrengt, um die Lösung irgendeiner Aufgabe zu finden, bevor man zu Bett gegangen ist, man konnte sie nicht finden; dann träumen Sie und finden im Traum die Lösung der Aufgabe, so daß Sie sie am Morgen wirklich niederschreiben können. Das wird mit Recht erzählt. Wer solche Dinge nicht richtig untersuchen kann, wird sie immer mißverstehen. Man soll nur ja nicht glauben, daß man die wirkliche Lösung im Traum gefunden hat. Was man wirklich im Traum gefunden hat, woran man glaubt, sich zu erinnern, das ist irgendetwas ganz anderes. Das ist etwas, was sehr wenig logisch abzulaufen braucht, was aber jene wohltätige Wirkung im menschlichen Gemüte hat, die eintritt, wenn eine Spannung in eine Entspannung überführt wird. Vor dem Einschlafen war der Mensch eben in einer solchen Spannung seines Gemütes, daß er die Aufgabe nicht lösen konnte. Er brütete und brütete, es fehlte ihm etwas. Er wurde gesund durch die Art, wie er träumte, und dadurch kam es, daß er beim Aufwachen die Aufgabe lösen kann.

Auch das moralische Urteil schweigt im Traum. Man weiß ja, daß man im Traum allerlei Verbrechen und sonstige Dinge begeht, deren man sich im wachen Tagesleben schämen würde. Man kann einwenden, daß ja gerade im Traum das Gewissen sich regt, ja, daß das Gewissen im Traum sich oftmals in einer ganz merkwürdigen Weise geltend macht. Man braucht sich nur an die in Shakespeares Werken vorkommenden Träume zu erinnern, dann wird man finden – Dichter tun solche Dinge in der Regel mit Recht –, daß hingewiesen werden kann auf den Schein, als ob gerade durch den Traum moralische Vorwürfe sich besonders zur Erscheinung bringen. Wiederum nur eine ungenaue Beobachtung. Vielmehr ist durchaus richtig, daß wir im Traum herausgerissen sind aus der gewöhnlichen moralischen Beurteilung, die wir im äußeren Leben im Zusammenhang mit den Menschen erwerben müssen und uns aneignen können. Wenn der Traum uns dennoch scheinbar gerade moralische Vorurteile und moralische Vorwürfe bildlich anschaulich vor die Seele führt, so rührt das nicht davon her, daß wir als Träumende moralisch urteilen, sondern es rührt davon her, daß wir, wenn wir uns moralisch verhalten, eine gewisse befriedigende Stimmung in der Seele haben, daß wir befriedigt gestimmt sind über etwas, wozu wir moralisch ‹ja› sagen können. Dieses Befriedigtsein, nicht das moralische Urteil, das ist es, was im Traum sich uns vor die Seele stellt. Ebensowenig wie Logik ist moralisches Urteil im Traum vorhanden.» *(GA 67, S. 229–232)*

Und warum fließt die Logik nicht in den Traum hinein? Die Logik ist an das Denken gebunden, das seinerseits nur im Wachbewußtsein des irdischen Lebens entwickelt werden kann, und zwar auf der physiologischen Grundlage eines gesunden Gehirns. Andererseits bleibt der Mensch im normalen Traum von seiner eigenen Leiblichkeit völlig abgeschlossen – auch im Schlafzustand (wie schon im Abschnitt über das «Wirklichkeitsbewußtsein im Traumzustand», S. 13f., dargelegt wurde). Deshalb verfügt der Träumende nicht über dieses leibgebundene Denken.

Und die Entwicklung des selbständigen moralischen Urteilens und Entscheidens ist auch nur möglich im irdischen Leben. Ja, es ist der Sinn des Lebens, aus der freien Persönlichkeit heraus verantwortungsbewußt handeln zu lernen innerhalb der Außenwelt, in die der Mensch durch sein Leben hineingestellt ist. Und von dieser Außenwelt ist der Mensch während des Träumens ebenso abgeschlossen wie er von seiner Leiblichkeit abgeschlossen ist (siehe auch S. 13f.). Die Leibfreiheit des Menschen während des Träumens ist also der Grund, weshalb im Traum Logik und moralisches Urteil notwendigerweise schweigen müssen.

'Gleichwohl erlebt der Mensch im Schlafe seinen eigenen Zusammenhang mit der moralisch-geistigen Welt, denn hier bereitet das Ich in unbewußten Bildformen die moralischen Kraftimpulse vor für sein zukünftiges Dasein. (Vergleiche Schlußteil des Abschnitts «Vom Erleben zum Verstehen des Traumes», S. 57f.) Daher darf man den Traum niemals auf die naturalistisch-physische Welt beziehen und in dieser Weise interpretieren, sondern man interpretiert nur dann in den meisten Fällen den Traum richtig, wenn man ihn auf die geistige Welt bezieht und daher konsequenterweise geistig-moralisch interpretiert und in den Traumbildern nicht den moralischen Zeigefinger sieht. Der Traum kann nur in scheinbar verworrenen und illusionären Bildern des irdischen Lebens von der Arbeit des Ich erzählen. Gerade deshalb bedarf es einer sorgfältigen Interpretation des Traumes.' (s. GA 227, S. 118 u. 97/98)

Und aus einer sorgfältigen moralisch-geistigen Interpretation heraus kann der Traum dann eine große Bedeutung für das Leben des einzelnen Menschen gewinnen, da dieser sich dadurch bewußter und in richtiger Weise in die Zukunft hineinleben und den zukünftigen Menschheitsaufgaben besser gerecht werden kann.

## DAS WIRKEN VON ICH UND ASTRALLEIB IM TRAUM

«Das Traumleben wird mit einem gewissen Recht von dem nüchternen Menschen nicht ernst genommen, denn er sieht, wie dieses Traumleben ihm allerlei Bilder, Reminiszenzen aus dem gewöhnlichen Leben zeigt. Und wenn er dann das, was er im gewöhnlichen Leben kennenlernt, mit diesem Traumleben vergleicht, so muß er an das gewöhnliche Leben sich halten und dieses gewöhnliche Leben selbstverständlich seine Wirklichkeit nennen. Dann kommt das Traumleben mit seinen Kombinationen der gewöhnlichen Wirklichkeitserlebnisse, und der Mensch kommt im gewöhnlichen Bewußtsein nicht zurecht, wenn er sich frägt: Ja, was bedeutet denn eigentlich für die Gesamtwesenheit des Menschen dieses Traumleben?

Nun betrachten wir einmal dieses Traumleben so, wie es sich gibt. Da können wir unterscheiden zwischen zwei ganz spezifisch voneinander verschiedenen Traumarten. Die eine Traumart zaubert vor unsere Seele hin Bilder von äußeren Erlebnissen. Wir haben vor Jahren oder vor kurzem, vor Tagen, dies oder jenes erlebt. Wir haben es in einer bestimmten Weise erlebt. Der Traum zaubert aus dem Schlaf herauf ein den äußeren Erlebnissen mehr oder weniger ähnliches Bild oder auch unähnliches, ja zumeist unähnliches Bild. Wenn der Mensch dann doch darauf kommt, daß solch ein Traumbild irgendeinen Zusammenhang hat mit einem äußeren Erlebnis, dann fällt ihm gerade auf, wie verändert dieses äußere Erlebnis im Traume ist. Zumeist tritt aber auch das ein, daß der Mensch das Traumbild erlebt und es gar nicht auf dieses oder jenes Erlebnis der äußeren Welt bezieht, weil ihm die Ähnlichkeit gar nicht auffällt. Aber wenn man genauer eingeht auf das Traumesleben, auf jene Art des Traumeslebens, die äußere Erlebnisse verändert in Bildern vor die Seele zaubert, dann findet man doch, daß irgend etwas im Menschen diese Erlebnisse faßt, ergreift, sie aber nicht so festhalten kann, wie der Mensch sie festhält, wenn er im wachen Zustande sich der Organe seines Leibes vollständig bedient und in der Erinnerung Bilder entstehen, die nun dem äußeren Leben gleich sind, möglichst gleich sind. In der Erinnerung haben wir treue Bilder des äußeren Lebens, wenigstens mehr oder weniger treue Bilder. .... In den Traumbildern haben wir veränderte Bilder des äußeren Lebens. Das ist die eine Art zu träumen.

Eine andere Art zu träumen ist aber eigentlich für die Erkenntnis des Traumlebens viel charakteristischer. Das ist diese, wenn der Mensch zum Beispiel träumt, er sehe eine Reihe von weißen Pfeilern, von denen der eine schadhaft ist, vielleicht schmutzig. Der Mensch wacht auf mit diesem Traum und merkt, er hat Zahnschmerzen. Und er kommt darauf, in dieser Reihe von Pfeilern ist wie symbolisch die Zahnreihe ausgedrückt. Der eine Zahn, der schmerzt; dafür ist der Pfeiler schadhaft oder vielleicht sogar schmutzig. .... Oder der Mensch wird gequält im Traume, daß ein

Frosch an seine Hand herankommt; die Hand umfaßt den Frosch, der weichlich ist. Es schaudert den Menschen im Traume; er wacht auf, hat den Zipfel seiner Bettdecke in der Hand; er hat ihn im Schlaf ergriffen. Aber es kann viel weiter gehen. Der Mensch träumt von allerlei Schlangengebilden: er wacht auf mit Gedärmschmerzen.

Da kommt er schon darauf, daß es eine andere Art von Träumen noch gibt, Träumen, welche in bildhaft-symbolischer Art die inneren Organe des Menschen ausdrücken. Und dann, wenn der Mensch es einmal erfaßt hat, wie gewisse Träume mit ihren merkwürdigen Bildern Sinnbilder von inneren Organen darstellen, dann wird er lernen, vieles von den Traumgebilden gerade nach dieser Richtung hin zu deuten. ... Dann wird er finden, daß alle Organe in solch bildhafter Weise ihm im Traume erscheinen können.

Hier liegt sogar etwas vor, was, ich möchte sagen, auf das ganze innere Leben des Menschen durch den Traum sehr stark hinweist. Es gibt Menschen, die machen aus dem Traume heraus richtig träumend die Motive von ganz schönen Malereien. ...

Diese zwei Arten von Träumen können sehr gut unterschieden werden, wenn man sich nur auf eine intime Betrachtung der Traumwelt einläßt. Man hat es in der einen Art der Träume zu tun mit Bildern der äußeren Erlebnisse, die wir als Menschen in der Welt durchgemacht haben. Man hat es in der anderen Art von Träumen zu tun mit bildhaften Vorstellungen des eigenen menschlichen Innern.

Nun, bis zu diesem Punkte ist die Beobachtung der Traumwelt verhältnismäßig leicht zu bringen. Und die meisten Menschen, die man aufmerksam macht darauf, daß es diese zwei Arten von Träumen gibt, werden sich schon erinnern, daß ihre eigenen Erlebnisse diese Gliederung der Träume rechtfertigen.

Aber worauf weist denn diese Gliederung der Träume hin? Sehen Sie, wenn man auf die erste Art der Träume eingeht, sie ein wenig betrachtet mit Bezug auf die besondere Art der Bilder, dann kommt man darauf, daß die verschiedensten äußeren Erlebnisse durch den gleichen Traum dargestellt werden können, und wiederum ein und dasselbe Erlebnis bei verschiedenen Menschen durch verschiedene Träume abgebildet werden kann.

Nehmen wir an, jemand habe den Traum, er kommt an einen Berg heran. Der Berg hat eine Art Eingang, eine Höhlung. In diese Höhlung scheint noch die Sonne hinein. Der Mensch geht hinein, träumend. Bald beginnt es dunkel zu werden, dann finster. Der Träumende tastet sich weiter fort. Er kommt an ein Hindernis. Er spürt, da drinnen ist ein kleiner See. Er ist in großer Gefahr. Der Traum nimmt einen dramatischen Verlauf.

Solch ein Traum kann die verschiedensten äußeren Erlebnisse darstellen. Ein und dasselbe Traumbild, wie ich es jetzt geschildert habe, kann sich darauf beziehen, daß einmal jemand, sagen wir, ein Eisenbahnunglück mitgemacht hat. Was er da erlebt hat, das drückt sich ihm vielleicht nach Jahren in dem geschilderten Traumerlebnisse aus, das in Bildern ganz anders ist als das, was er durchgemacht hat. Er kann auch ein Schiffsunglück erlebt haben. Er kann auch erlebt haben, daß ihm ein Freund untreu geworden ist und so weiter. Wenn Sie das Traumbild mit dem Erlebnis vergleichen und in dieser Weise intim beobachtend vorgehen, dann werden Sie finden, der Inhalt der Traumbilder ist eigentlich nicht von großer Bedeutung; aber die Dramatik, der Verlauf ist von großer Bedeutung: ob es Erwartung gibt, ob die Erwartung zu einer Entspannung führt, ob eine Erwartung in eine Krisis hineinführt. Der ganze Gefühlszusammenhang, möchte ich sagen, setzt sich in das Traumleben um.

Und wenn man von da ausgehend den Menschen auf seine Träume der ersten Art prüft, ... dann findet man, daß diese Traumbilder vor allen Dingen ihren Charakter von der ganzen Art bekommen, wie der Mensch ist, von der Individualität seines Ich. Man lernt, wenn man sich auf Träume versteht, nicht auf Träumedeuten, sondern auf Träume versteht, man lernt aus seinen Träumen den Menschen oftmals besser kennen, als man ihn kennenlernt, wenn man ihn nur dem äußeren Leben nach beobachtet. Aber wenn wir all das anschauen, was da die Menschenwesenheit im Traume erfaßt, so ist es immer zurückweisend auf das, was das Ich des Menschen an der äußeren Welt erlebt.

Dagegen wenn wir die zweite Art der Träume betrachten, so können wir sagen: Was da in Traumbildern der Seele vorgezaubert wird, das erlebt der Mensch nur im Traume. Denn wachend erlebt er höchstens die Form seiner Organe durch die wissenschaftliche Anatomie, Physiologie. Aber das ist ja nun nicht ein wirkliches Erleben, sondern das ist ein äußerliches Anschauen, wie man Steine und Pflanzen auch anschaut. Das braucht man also gar nicht weiter in Betracht zu ziehen. Also in dem Bewußtsein, mit dem der Mensch durchs Leben geht, erlebt er von seinem inneren Organismus außerordentlich wenig oder gar nichts. Aber der Traum der zweiten Art zaubert ihm, allerdings in veränderten Bildern, aber immerhin in Bildern, im Grunde seinen ganzen Organismus vor.

Wenn wir dann den Menschen im Leben betrachten, so finden wir, daß dieses Leben allerdings von seinem Ich beherrscht wird, je nachdem der Mensch Willens- und Charakterstärke hat, mehr oder weniger, daß aber das Eingreifen dieses Ich in das menschliche Leben etwas außerordentlich Ähnliches hat mit dem Traumerlebnis der ersten Art. Versuchen Sie es nur einmal, intim zu prüfen, ob jemand Träume hat, in denen seine äußeren Erlebnisse stark, vehement verändert werden. Wenn jemand solche Träume hat, werden Sie in ihm einen starken Willensmenschen finden. Träumt jemand sein Leben fast wie es ist, verändert er dieses Leben nicht im Traume, so wird er ein willensschwacher Mensch sein.

Sie sehen also: An der Art, wie der Mensch seine Träume gestaltet, drückt sich das Eingreifen des Ich in sein Leben aus. Wir werden die Träume der ersten Art gerade aus solchen Erkenntnissen heraus mit dem Ich des Menschen zusammenbringen müssen. Und wenn wir gedenken, ... wie das Ich und der astralische Leib im Schlafe außer dem physischen und dem Ätherleib sind, so wird es uns nicht weiter auffällig sein, wenn Geisteswissenschaft zuletzt darauf führt, daß das außer dem physischen und dem Ätherleib befindliche Ich im Traume die Bilder des Lebens ergreift, die es sonst durch den physischen und Ätherleib eben in der äußeren Wirklichkeit ergreift. Der Traum der ersten Art ist ein Wirken des Ich außerhalb des physischen und Ätherleibes.

Was ist der Traum der zweiten Art? Er muß auch etwas sein, selbstverständlich, was zu tun hat mit dem, was im Schlafe außerhalb des physischen und Ätherleibes ist. Das Ich kann es nicht sein, denn das Ich weiß nichts von dem, was der Traum als symbolische Gestaltungen der Organe vorzaubert. Man wird gedrängt dazu, zu erkennen, wie es der astralische Leib des Menschen ist, der diese symbolischen Bilder der inneren Organe so im Traume gestaltet, wie das Ich die Bilder der äußeren Erlebnisse gestaltet. Und so haben wir durch die zwei Arten der Träume einen Hinweis auf das Wirken des Ich und des astralischen Leibes vom Einschlafen bis zum Aufwachen.

Wir können weitergehen. Wenn wir sehen, was ein schwacher, was ein starker Mensch in seinen Träumen tut, wie ein schwacher Mensch fast so träumt, wie er die Dinge erlebt hat, ein starker Mensch alle Dinge umgestaltet, alles durcheinanderwirft und die Dinge so macht, daß sie stark die Färbung seines Charakters annehmen, wenn wir solches in der richtigen Weise bis zum Ende studieren, dann können wir das, worauf wir da kommen, vergleichen mit der Art, wie sich der Mensch wachend im Leben verhält. Und da kommt man auf etwas ungeheuer Interessantes. Da kommt man nämlich darauf, daß das Folgende wahr ist: Lassen Sie sich von einem Menschen Träume erzählen, sehen Sie an, wie ein Traumbild an das andere sich knüpft, wie diese Träume sich gestalten; und dann schauen Sie, nachdem Sie sich eine Vorstellung von der Art seines Träumens gemacht haben, von dieser Vorstellung auf ihn selbst, dann werden Sie sich, angeregt durch das, was Sie sich von seinen Träumen vorstellen können, ein gutes Bild von dem machen können, wie er im Leben handelt. Da kommt man nämlich auf merkwürdige Geheimnisse beim Menschen. Man betrachtet einen Menschen handelnd im Leben, man lernt ihn kennen seiner Individualität nach.

Man sagt: Von dem, was durch diesen Menschen geschieht, geht ja nur ein Teil von seinem eigentlichen Menschenwesen, von seinem Ich aus. Wenn es auf sein Ich ankäme, dann würde der Mensch eigentlich das tun, was er träumt. Ein gewalttätiger Charakter würde, wenn es auf sein Ich ankäme, im Leben so gewalttätig sein, wie er träumt, und einer, der in seinen Träumen sein Leben fast unverändert läßt, würde im Leben sich überall zurückziehen, das Leben Leben sein lassen, die Dinge geschehen lassen, möglichst wenig auch in das Leben eingreifen, just so viel nur eingreifen, als er im Traum eingreift.

Das andere, das nun vom Menschen über dieses hinaus geschieht, wo kommt denn das her? Meine lieben Freunde, man kann gut sagen: das tut Gott, das tun die Geister der Welt. – Der Mensch tut nämlich gar nicht alles selbst, was er tut; er tut nämlich genau so viel, als er eigentlich träumt. Das andere wird durch ihn und an ihm getan. Man lernt nur gewöhnlich nicht sich im Leben schulen auf diese Dinge hin. Würde man sich schulen lernen, man würde darauf kommen, daß man so viel aktiven Anteil am Tun im Leben hat, als man aktiven Anteil an seinen Träumen hat. Beim gewalttätigen Menschen hindert dann die Welt, daß er gewalttätig wird, wie er es im Traum ist; beim schwachen Menschen, da wirken die Instinkte und da macht es wieder das Leben, daß das hinzugefügt wird, was durch ihn geschieht und was er nicht träumen würde.

... Die Welt fügt entweder etwas dazu beim schwachen Menschen oder sie subtrahiert etwas beim gewalttätigen Menschen. So betrachtet, fängt der Traum allerdings an, außerordentlich interessant zu werden und tief hineinblicken zu lassen in das Wesen des Menschen. ...

Aber Sie sehen ja aus der Betrachtung, die ich heute ganz äußerlich anstelle, daß man, wenn man diese Dinge überhaupt anfassen will, vordringen muß bis zu einer sehr feinen Seelenerkenntnis. Ohne diese kann man über die Beziehungen des Traumlebens zur äußeren Wirklichkeit, die der Mensch darlebt, eben nichts wissen. ...

Es ist das Menschenwesen so weit zu durchschauen, wenn man sich intim auf die Wechselzustände des wachenden und schlafenden Lebens einläßt, daß diese Betrachtung wirklich heranführt zur Initiationswissenschaft.» *(GA 234, S. 116–123)*

## III. DER TRAUM UND SEINE BEDEUTUNG FÜR DAS INDIVIDUELLE MENSCHLICHE LEBEN

Zur Einführung sollen die Schlaferlebnisse beschrieben werden, die jeder Mensch allnächtlich hat, und die von der allergrößten Bedeutung für ihn sind. Diese unbewußten nächtlichen Erlebnisse treten in einer ganz bestimmten Form im Alltagsleben wieder auf und erscheinen auch in verwandelter Form in unseren Träumen.

Die genauere Betrachtung des Schlaflebens zeigt uns, daß der Traumschlaf die erste Schlafphase ist, auf die noch zwei weitere folgen: die traumlose und die Tiefschlafphase.

Da die Menschenseele im Schlafe unter anderem am eigenen Karma arbeitet im Zusammenhang mit höheren Wesen, ohne ein Bewußtsein davon zu haben, erheben sich die Fragen: wie es möglich ist, daß der Traum davon in Bildern erzählen kann, und wie diese Traumbilder zu verstehen sind. Kann der Traum dann bei richtiger Interpretation eine Hilfe sein bei der Lösung von Lebensfragen?

Dann ist zu fragen, ob es berechtigt ist, den Traum als einen Propheten zu bezeichnen, und ob er dadurch ein Helfer sein kann bei der Bewältigung individueller Entwicklungsprobleme.

Weiterhin treten auch Alpträume und der «unbekannte Begleiter» auf, was auf den davon betroffenen Menschen bedrückend wirkt. Unter welchen Umständen und bei wem entstehen diese Träume, und wie kann sich der Betroffene davon befreien? Bringen diese traumartigen Erscheinungen gar allgemeine Entwicklungsprobleme zum Ausdruck? Und wie sind diese Probleme dann zu lösen?

Schließlich soll untersucht werden, ob zwischen Traum und künstlerischem Tun eine Verwandtschaft besteht, da doch offensichtlich hinter dem Traumverlauf eine gestaltende Kraft steckt.

## DIE SCHLAFERLEBNISSE DER SEELE

«Man spricht heute vom ‹Unbewußten› oder ‹Unterbewußten›, wenn man andeuten will, daß die Seelenerlebnisse des gewöhnlichen Bewußtseins – Wahrnehmen, Vorstellen, Fühlen und Wollen – von einem Dasein abhängig sind, das von diesem Bewußtsein nicht umfaßt wird. Diejenige Erkenntnis, die sich nur auf diese Erlebnisse stützen will, kann wohl durch logische Schlußfolgerungen auf ein solches ‹Unterbewußtes› hinweisen; sie muß sich aber mit diesem Hinweis begnügen. Zu einer Charakteristik des Unbewußten kann sie nichts beitragen.

Die ... imaginative, inspirierte und intuitive Erkenntnis, [über die die moderne Geisteswissenschaft verfügt,] vermag eine solche Charakteristik zu geben. Diesmal soll das versucht werden für die Seelenerlebnisse, welche der Mensch während des Schlafes durchmacht.

Die Schlaferlebnisse der Seele treten in das gewöhnliche Bewußtsein nicht ein, weil dieses auf der Grundlage der körperlichen Organisation entsteht. Während des Schlafes ist aber das seelische Erleben ein außerkörperliches. Wenn die Seele beim Erwachen beginnt, mit Hilfe des Körpers vorzustellen, zu fühlen, zu wollen, knüpft sie in ihrem Erinnern an diejenigen Erlebnisse an, die vor dem Einschlafen auf der Grundlage der körperlichen Organisation sich abgespielt haben. Vor der Imagination, Inspiration, Intuition erst treten die Schlaferlebnisse auf. Sie stellen sich nicht wie in einer Erinnerung dar, sondern wie in einem seelischen Hinschauen auf sie.

Ich werde nun zu schildern haben, was in diesem Hinschauen sich offenbart. Weil dieses dem gewöhnlichen Bewußtsein eben verborgen ist, so muß für dasselbe, wenn es unvorbereitet an eine solche Schilderung herantritt, diese sich naturgemäß grotesk ausnehmen. ... Ich werde daher, trotzdem über sie von der einen oder anderen Seite sogar gespottet werden kann, sie einfach so geben, wie sie aus den gekennzeichneten Bewußtseinszuständen [der Imagination, der Inspiration und der Intuition] erfließt.

Zunächst im Einschlafen befindet sich der Mensch in einem innerlich unbestimmten, undifferenzierten Sein. Es wird da kein Unterschied erlebt zwischen dem eigenen Sein und dem Sein der Welt; auch nicht ein solcher zwischen einzelnen Dingen oder Wesenheiten. Der Mensch ist in einem allgemeinen, nebelhaften Dasein. In das imaginative Bewußtsein heraufgehoben, stellt sich dieses Erleben als ein Sich-Erfühlen dar, in dem das Erfühlen der Welt mitenthalten ist. Der Mensch ist aus dem Sinnensein ausgetreten und noch nicht deutlich in eine andere Welt hineinversetzt.

Es werden im weiteren nun Ausdrücke gebraucht werden müssen, wie ‹Fühlen›, ‹Sehnsucht› usw., die auch im gewöhnlichen Leben auf ein Bewußtes bezogen werden. Und doch soll durch sie hingewiesen werden auf Vorgänge, die für das gewöhnliche Seelenleben unbewußt bleiben. Aber die Seele erlebt sie als reale Tatsachen während des Schlafens. Man denke daran, wie im Alltagsleben zum Beispiel *Freude* im Bewußtsein erlebt wird. Im Körperlichen spielt sich da eine Erweiterung der feinen Blutgefäße und anderes ab. Diese Erweiterung ist eine reale Tatsache. Im Bewußtsein wird bei ihrem Ablaufen Freude erlebt. So wird von der Seele während des Schlafens Reales erlebt; im folgenden soll *dieses* durch die Ausdrücke geschildert werden, die auf das entsprechende Erleben des imaginativen, inspirierten und intuitiven Bewußtseins sich beziehen. Wenn zum Beispiel von ‹Sehnsucht› gesprochen wird, so ist ein *tatsächlicher* Seelenvorgang gemeint, der imaginativ als Sehnsucht sich offenbart. Es werden also die unbewußten Seelenzustände und Seelenerlebnisse so geschildert werden, *als ob* sie bewußt wären.

Gleichzeitig mit dem Erfühlen des Unbestimmten, Undifferenzierten, stellt sich in der Seele eine Sehnsucht ein nach einem Ruhen in einem Geistig-Göttlichen. Die Menschenseele entwickelt diese Sehnsucht als die Gegenkraft gegen das Verlorensein im Unbestimmten. Sie hat das Sinnensein verloren und begehrt nach einem Sein, das sie aus der geistigen Welt heraus trägt.

In den soeben geschilderten Seelenzustand wirken die Träume hinein. Sie durchsetzen das Unbewußte mit halbbewußten Erlebnissen. Die wahre Gestalt der Schlaferlebnisse wird durch die gewöhnlichen Träume nicht deutlicher, sondern noch undeutlicher. Auch für das imaginative Bewußtsein tritt diese Undeutlichkeit ein, wenn dieses in seiner Reinheit durch unwillkürlich auftauchende Träume gestört wird. Die Wahrheit schaut man jenseits des wachen [Sinneslebens] und auch jenseits des Traumeslebens durch diejenige Seelenverfassung, die *im freien Willen* ... durch [bestimmte] Seelenübungen herbeigeführt wird.

Der nächste Zustand [die zweite Schlafphase], den die Seele erlebt, ist wie ein Aufgeteiltsein ihres Selbstes in voneinander differenzierte innere Geschehnisse. Die Seele erlebt sich in dieser Schlafperiode nicht als eine Einheit, sondern als eine innere Vielheit. Dieser Zustand ist ein von Ängstlichkeit durchsetzter. Wenn er bewußt erlebt würde, wäre er Seelenangst. Das reale Gegenstück von dieser Ängstlichkeit erlebt aber die Menschenseele in jeder Nacht. Es bleibt ihr nur unbewußt.

Für den Menschen der Gegenwart tritt in diesem Augenblicke des Schlafzustandes die seelen-heilende Wirkung dessen auf, was er im Wachzustande als seine Hingegebenheit an Christus erlebt. ... Er überwindet durch deren Hineinwirken in den Schlaf die Ängstlichkeit. Diese verhindert, solange sie vorhanden ist, die innere Anschauung dessen, was von der Seele im Schlafen so erlebt werden soll, wie der Körper [sie] im Wachen [verhindert]. Die Führung Christi faßt die innerliche Zersplitterung, die Vielheit in eine Einheit zusammen. Und die Seele kommt jetzt dazu, ein anderes Innensein zu haben als während des Wachzustandes. Zu ihrer *Außenwelt* gehören jetzt auch der eigene physische und ätherische Organismus. Dagegen erlebt sie in ihrem jetzigen Inneren eine Nachbildung der Planetenbewegungen. Es tritt in der Seele an die Stelle des individuellen, durch den physischen und ätherischen Organismus bedingten, ein kosmisches Erleben. Die Seele lebt außerhalb des Körpers; und ihr Innenleben ist eine innere Nachbildung der Planetenbewegung. Als eine solche erkennt die entsprechenden inneren Vorgänge das inspirierte Bewußtsein ... Dieses Bewußtsein erschaut auch, wie dasjenige, was die Seele durch das Planetenerlebnis hat, in seiner Nachwirkung im wachen Bewußtsein vorhanden ist. In dem Rhythmus der Atmung und der Blutzirkulation wirkt dies Planetenerlebnis während des Wachens als Anreiz fort. Während des Schlafes stehen physischer und ätherischer Organismus unter der Nachwirkung des Planetenreizes, der im wachen Tagesleben in der geschilderten Art als Nachwirkung der vorigen Nacht in ihnen waltet.

Parallel diesen Erlebnissen gehen andere. Die Seele erlebt in dieser Sphäre ihres Schlafdaseins ihre Verwandtschaft mit allen Menschenseelen, mit denen sie jemals in einem Erdenleben in Beziehung gestanden hat. Was da vor der Seele steht, wird, intuitiv erfaßt, zur Gewißheit über die wiederholten Erdenleben. Denn in der Verwandtschaft mit Seelen enthüllen sich diese Erdenleben. Auch die Verbindung mit anderen Geistwesen, die in der Welt leben, ohne je einen menschlichen Körper anzunehmen, wird Seelenerlebnis.

Aber in diesem Stadium des Schlafes tritt auch ein Erlebnis dessen auf, was gute und schlechte Neigungen, gute und schlechte Erlebnisse im Schicksalszusammenhange des Erdendaseins bedeuten. Was ältere Weltanschauungen Karma genannt haben, steht vor der Seele.

In das Tagesleben wirken alle diese Schlafereignisse so herein, daß sie das allgemeine Sich-Fühlen, die Seelenstimmung, das Sichglücklich- oder -unglücklich-Empfinden mitbewirken.

Im weiteren Verlaufe des Schlafes tritt zu dem geschilderten Zustande der Seele noch ein anderer [die dritte Schlafphase]. Die [Seele] erlebt in sich das Fixsterndasein im Abbilde. Wie im Wachzustand die Körperorgane, so werden jetzt Nachbildungen der Fixsternkonstellationen erlebt. Das kosmische Erleben der Seele erweitert sich. Sie ist jetzt Geistwesen unter Geistwesen. Die Intuition erkennt ... die Sonne und die anderen Fixsterne als die physischen Ausgestaltungen von Geistwesen. Was die Seele da erlebt, wirkt im Tagesleben nach als ihre religiöse Anlage, ihr religiöses Fühlen und Wollen. Man muß in der Tat sagen, was in den Tiefen der Seele sich regt als religiöse Sehnsucht, ist für das

Wachen die Nachwirkung des Sternenerlebens während des Schlafzustandes.

Aber vor allem bedeutungsvoll ist, daß die Seele in diesem Zustand vor sich hat die Tatsachen der Geburt und des Todes. Sie erlebt sich als Geistwesen, das in einen physischen Leib durch Empfängnis und Keimesleben einzieht, und sie schaut [unbewußt] den Todesvorgang als einen Übertritt in eine rein geistig-seelische Welt. Daß die Seele in ihrem Wachzustande nicht an die Realität dessen glauben kann, was sich äußerlich den Sinnen als die Ereignisse der Geburt und des Todes darstellt, ist eben nicht bloß ein phantasievolles Ausgestalten einer Sehnsucht, sondern das dumpf gefühlte Nacherleben des im Schlafzustand vor der Seele Stehenden. ...

Nach dem tiefsten Schlafstadium kehrt der Mensch durch dieselben Zustände hindurch wieder zum Wachdasein zurück. Er macht vor dem Erwachen wieder das Erleben in dem allgemeinen Weltendasein mit der Gottessehnsucht durch, in das die Träume hineinspielen können.» *(GA 25, S. 39–46)*

## DER WEISE TRÄUMER IM MENSCHEN

«... mancherlei anderes steckt noch in uns, und Selbsterkenntnis beruht darauf, daß wir immer mehr und mehr erkennen, was in uns steckt, was in uns arbeitet, uns glücklich und unglücklich macht, denn alle Dinge, die in uns stecken, machen uns glücklich und unglücklich. So werden die Menschen sich gewöhnlich nicht klar, daß sie ja durchgemacht haben vor diesem Erdenleben – nicht sie selbst, aber das, was sie zum Erdenmenschen gemacht hat – das Mondenleben. Wir wissen einiges von dem Mondenleben. [Siehe: Rudolf Steiner «Die Geheimwissenschaft im Umriß», GA 13] ... das Mondenleben war nötig, damit das Erdenleben zustande kommen konnte. Im Mondenleben bereitete sich die Ursache für das Erdenleben vor, und in einer gewissen Weise

steckt dieses Mondenleben noch in uns. Auf dem Monde war der Mensch ein traumhafter Hellseher. In Traumesbildern hat er die Wirklichkeit in sich aufgenommen. Dasjenige aber, was wir auf dem Monde waren, das tragen wir heute noch in uns. ... Wenn wir auf diesen Mondenmenschen hinblicken, so können wir sagen: er ist das in uns, was wir den Träumer nennen. In der Tat, wir tragen alle einen Träumer in uns, einen Träumer, der eigentlich zwar, ich möchte sagen, weniger dicht, der dünner denkt und fühlt und will, aber der eigentlich weiser ist als wir als Erdenmensch sind. ... Einen subtilen Menschen tragen wir alle in uns. Indem wir so herumgehen als Erdenmenschen mit unseren Gedanken, unserem Fühlen und Wollen, ist es das, was die Erdenentwickelung uns gegeben hat. Von der Mondenentwickelung ist etwas geblieben in uns, was ein träumender Mensch ist. In dem Träumer ist uns aber mehr gegeben als in dem, was wir in unseren Gedanken, Gefühlen und Willensimpulsen haben können, und dieser Träumer ist nicht ganz untätig. Diesen Träumer berücksichtigen wir nicht, aber wir tun vieles, sehr vieles, was wir eigentlich nur halb selber kennen, was der Träumer in uns richtet und lenkt. Wir legen es zurecht, der Träumer aber tut auch etwas in uns, der lenkt unser Denken dahin und dorthin; zum Beispiel denken wir einen Satz aus; der Träumer macht, daß wir den Satz in einer ganz bestimmten Weise aussprechen, daß wir ihm eine Spitze geben, ihn in irgendeine Gefühlsnuance kleiden. Dieser Träumer ist das, was vom Monde in uns geblieben ist. ...»
*(GA 157, S. 272/273)*

«Wir leben jetzt in einer Zeit, wo es gilt, diese Dinge ein wenig zu berücksichtigen, diese Dinge ein wenig zu erkennen. Wir werden dann finden, daß in jedem Menschen dieser Träumer lebt. Er kündigt sich an in den Handlungen der Menschen, und während er im hellsichtigen Bewußtsein geschaut wird, können wir ihn im gewöhnlichen Leben erkennen, wenn wir die Menschen studieren. ...

Dieser Träumer in uns ist dasjenige, auf welches nun wirkt alles, was, ohne daß wir es wissen, aus der geistigen Welt auf uns wirken soll. In dem, was wir als Erdenmenschen erleben, machen wir Gedanken, bilden uns Willensimpulse. Was wir so wissen, das ist, was wir finden aus unserem Leben. Aber in unsere Träume hinein spielen die Inspirationen der Engel, die Wesen der Angeloi, und diese sind wieder inspiriert von Wesenheiten der höheren Hierarchien. In unsere Träume kommt hinein, bei dem einen Menschen mehr, bei dem anderen weniger, was gescheiter ist als dasjenige, was wir aus unserem Alltagsleben in uns haben, als alles, was wir im Alltagsleben im Denken, Fühlen und Wollen überschauen. Dasjenige, wovon wir geleitet werden, dasjenige, was mehr ist als der Erdenmensch ist und war, das geht in unseren Träumer hinein.

Sehen Sie, dieser Träumer, er ist auch dasjenige, was vieles, aber jetzt Unbewußtes in uns hervorrufen kann. Gewiß, alles dasjenige, was aus der höheren Welt auf dem Umwege durch die Wesenheiten, die den Hierarchien der Angeloi angehören, auf uns hereinwirkt, wirkt auf den Träumer; aber auch alles Ahrimanische, alles Luziferische wirkt zunächst auf den Träumer, wirkt wirklich in den Träumer hinein, und ein großer Teil dessen, was die Menschen, ich möchte sagen, nicht so ganz aus ihrem Bewußtsein heraus, aber aus Instinkten heraus geltend machen, das ist hineingewirkt aus der geistigen Welt in den Träumer hinein.

... Auf diesen Träumer haben die guten, auf diesen Träumer haben die bösen Mächte Einfluß.» (GA 157, S. 278/279 u. 282)

'Diese Berührung mit der geistigen Welt geschieht für das Traumbewußtsein des Menschen – für den Träumer im Menschen – ja im Augenblick des Erwachens. Was liegt denn hier eigentlich vor? Wenn wir das Denken des Menschen geisteswissenschaftlich betrachten, das ja dem gewöhnlichen Bewußtsein während des Schlafes nicht zugänglich ist, so zeigt sich, daß das Denken auch im Schlafe tätig ist.' (s. GA 157, S. 296)

«Dieses Denken ist eigentlich ein Vorgang unseres Ätherleibes. Und von dem, was eigentlich geschieht beim Denken, weiß der Mensch das Allerwenigste. Das Allerwenigste von dem, was geschieht in seinem Denken, begleitet der Mensch mit seinem Bewußtsein. Indem der Mensch denkt, weiß er ja einiges von dem, was er denkt. Aber unendlich viel mehr wird als begleitendes Denken entfaltet schon beim Tagesdenken. Und dazu kommt, daß wir in der Nacht, wenn wir schlafen, fortdenken. ... Und unter den mancherlei Traumesvorgängen, Vorgängen des Traumlebens, sind auch diese, daß der Mensch beim Aufwachen mit seinem Ich und astralischen Leib in seinen Ätherleib und physischen Leib untertaucht. Da taucht er unter und kommt in ein Gewoge hinein, in ein webendes Leben, von dem er, wenn er nur ein wenig zuschaut, wissen kann: das sind webende Gedanken, da tauche ich unter wie in ein Meer, das nur aus webenden Gedanken besteht. Mancher hat schon beim Aufwachen dann sich gesagt: Wenn ich mich nur erinnern könnte, was ich da gedacht habe, das war etwas sehr Gescheites, das würde mir ungeheuer viel helfen, wenn ich es mir jetzt erinnern könnte! Das ist kein Irrtum. Da unten ist wirklich etwas wie ein wogendes Meer; das ist eben die wogende, webende, ätherische Welt, ... die webende [kosmische] Gedankenwelt selbst ist, wirklich Geistiges ist.» *(GA 157, S. 296/297)*

«Will man nämlich die eigentliche Bedeutung des Denkens kennenlernen, will man kennenlernen das wirklich Wahre, daß das Denken diese kosmische Bedeutung hat, dann muß man sich erheben zu der imaginativen Anschauung, wie es in ‹Wie erlangt man Erkenntnisse der höheren Welten?› beschrieben ist. Sowie man dem Denken jene Abstraktheit abstreift, die es für unser Bewußtsein hat, und untertaucht in jenes Meer der webenden Gedankenwelt, kommt man in die Notwendigkeit, dadrinnen nicht nur solche abstrakte Gedanken zu haben wie der Erdenmensch, sondern dadrinnen Bilder zu haben. Denn aus Bildern ist alles geschaffen, Bilder sind die wahren Ursachen der Dinge, Bilder liegen hinter allem, was uns umgibt, und in diese Bilder tauchen wir ein, wenn wir in das Meer des Denkens eintauchen. Diese Bilder hat Plato gemeint, diese Bilder haben alle gemeint, die von geistigen Urgründen gesprochen haben [vgl. auch den dritten Abschnitt des II. Kapitels, S. 26ff.], diese Bilder hat Goethe gemeint, wenn er von seiner Urpflanze sprach. Diese Bilder findet man im imaginativen Denken. Aber dieses imaginative Denken ist eine Wirklichkeit, und darin tauchen wir ein, wenn wir in das wogende, im Strom der Zeit dahingehende Denken eintauchen.» *(GA 157, S. 298)*

Im Traum ist nicht das bewußte Denken enthalten wie in der bewußt entwickelten Imagination, sondern er ist nur ein Überbleibsel eines alten Hellsehens und kann nicht mehr die geistige Welt in objektiven Bildern wahrnehmen. Aber dennoch taucht auch der Träumer in diese (kosmische) Welt ein, in der auch die geistigen Wesenheiten aus den höheren Regionen der übersinnlichen Welt anwesend sind und nimmt sie und ihre geistigen Impulse eben traumhaft, halbbewußt in sich auf.

«Das, was wir als Menschen sind, ist wirklich viel gescheiter als das, was wir als bewußte Menschen sind. Da bleibt nichts übrig, als es zu gestehen. Es wäre auch traurig, wenn wir nicht unbewußt gescheiter wären, als wir bewußt sind, denn sonst könnten wir nichts tun, als uns in jedem Leben auf der gleichen Stufe der Gescheitheit zu wiederholen. Aber wir tragen in der Tat schon im gegenwärtigen Leben mit uns, was wir werden können im nächsten Leben; denn das wird die Frucht sein. Und würden wir wirklich immer imstande sein, das zu erhaschen, in das wir da untertauchen, so würden wir viel erhaschen von dem, was wir im nächsten Leben sein werden. Also da unten wogt es und webt es; da ist der Keim für unsere nächste Verkörperung, und das nehmen wir [in halbbewußten Traumbildern] in uns auf.» *(GA 157, S. 297)*

Und so kommt es also, daß in den Traumbildern sowohl schöpferische Urbilder der ätherischen Welt als auch lebendige, karmagestaltende Zukunftsideen auftreten. Wie aber können wir lernen, diese Bilder in der rechten Weise zu verstehen?

## DER WEG ZUR GEISTIG-MORALISCHEN
## INTERPRETATION DES TRAUMES

Beim Übergang vom Wachen zum Träumen verläßt die Seele das geordnete Denken der physikalisch-naturalistischen Welt, in der man in geordneten Zusammenhängen lebt und eine ganz bestimmte persönliche Ordnung sich zu Eigen macht. Nun aber träumt jemand, daß er sich unbekleidet in furchtbarem Schamgefühl auf einem Spaziergang vor vielen Leuten befindet:

«Aber sehen wir einen solchen Traum einmal richtig an, dann müssen wir sagen, es offenbart sich uns ein Inhalt, der sinnlich ausschaut, aber in dem Sinnlichen will sich uns Geistig-Moralisches offenbaren. Und so sollte derjenige, der einen solchen Traum hat, nicht auf den unmittelbaren, in Sinnesbildern erfolgenden Verlauf hinschauen, sondern er sollte sich fragen: Habe ich vielleicht zuweilen in meinem Tagesbewußtsein die Eigenschaft, mich nicht mit voller innerer Wahrheit den anderen Menschen zu geben? Habe ich nicht vielleicht im Gebrauche, mich zu sehr den konventionellen Bekleidungsstücken zu fügen und mich eigentlich einzuhüllen in allerlei, nun, was man so in der Außenwelt konventionell tut? Und habe ich nicht die Eigentümlichkeit, dadurch gerade manchmal mich nicht ehrlich zu geben im tiefen Innersten, sondern etwas unwahr zu geben?

Wenn der Mensch nach einer solchen Richtung seine Gedanken bewegt, dann kommt er allmählich zu der moralisch-geistigen Interpretation des Traumes. Er bezieht dasjenige, was ihm erschienen ist, nicht auf die naturalistische Welt, sondern auf die geistige Welt, und er sagt sich: Indem ich hinübergegangen bin in die übersinnliche Welt während des Schlafes, traten geistige Wesenheiten aus der übersinnlichen Welt an mich heran und sagten mir, ich solle mich nicht in einer falschen, unwahren Bekleidung geben, sondern ich solle mich so geben, wie ich seelisch-geistig als Mensch innerlich bin.

Wenn man in dieser Weise den Traum interpretiert, kommt

man auf seine moralisch-geistige Wahrheit. Und so sind eine ganze Anzahl von Träumen zu interpretieren.» *(GA 227, S. 119)*

'Die Menschen einer älteren Menschheitsepoche trugen in ihrem Traumbewußtsein nicht die Vorstellungen der physischen Welt in die geistige Welt hinein.' *(s. GA 227, S. 119)*

«Würden also die älteren Menschen davon geträumt haben, daß sie unbekleidet auf der Straße herumgehen, so würde es ihnen gar nicht eingefallen sein, die Interpretation zu wählen, daß man sich da schämen muß, denn das gilt für die physische Welt und für den physischen Menschenleib, sondern sie hätten die Mahnung berücksichtigt: Dasjenige, was in der physischen Welt gilt, gilt nicht in der geistigen Welt; dasjenige, was in der geistigen Welt erscheint, das sagen Götter zu den Menschen. Daher muß man es als Aussage, als Offenbarung der Götter interpretieren. Es ist also das Naturalistisch-Nehmen des Traumes erst im Verlauf der Menschheitsentwickelung eingetreten.

Oder nehmen wir einen anderen Traum, der sehr häufig vorkommt. Da träumt der Mensch, er gehe einen Weg dahin. Er geht in einen Wald hinein. Nach einiger Zeit merkt er, jetzt hat er sich verirrt, jetzt kann er nicht weiter. Er versucht weiterzugehen, kommt dahin, wo nun kein Weg mehr ist, wo nur Bäume sind. Er ist in einer gewissen inneren Unruhe.

Nun nimmt der Mensch mit dem gewöhnlichen Bewußtsein einen solchen Traum sehr leicht so, wie er sich einfach seinem Inhalte nach gibt. Aber ein solcher Traum, wenn man ihn so nimmt, daß man die naturalistischen Zusammenhänge vergißt, der zeigt einem gerade aus der geistigen Welt heraus: Die Verwirrung, in die du da hineingekommen bist, die liegt in deinen Gedanken. Nur gesteht man sich im Wachbewußtsein oftmals nicht gerne, wie verworren die Gedanken sind, wie sie sehr leicht auf Stellen auftreffen, wo man nicht mehr weiter kann, wo man immer im Kreise herumgeht. Das ist die Eigentümlichkeit, die insbesondere heute in unserer gegenwärtigen Zivilisation sehr viele Menschen haben. Sie glauben aufgeklärt zu denken, aber sie tanzen im Kreise mit ihren Gedanken herum, entweder um konventionell Äußerliches, oder um die Atome herum, die sie sich gedanklich konstruieren, oder um irgend etwas. Der Mensch ist natürlich nicht geneigt in seinem gewöhnlichen Bewußtsein, sich das wirklich zu gestehen.

Der Traum ist eine in sinnlichen Bildern erfolgende Offenbarung für dasjenige, was der Mensch so eigentlich ist. Die geistigen Wesenheiten sagen dem Menschen im Traume das. Und wenn er dasjenige, was er auf solche Weise im Traum erlebt, in richtiger Selbsterkenntnis aufnimmt, so wird seine Selbsterkenntnis durch den Traum ganz besonders gefördert.

Eine Eigentümlichkeit vieler Menschen ist auch diese: sie überlassen sich demjenigen, was ihrem Instinkt, ihren Trieben gemäß ihnen sympathisch ist. Sie finden zum Beispiel es sehr angenehm, dies oder jenes zu tun; dann gestehen sie sich nicht, daß ihnen das für ihr Gefühl, für ihr sinnliches Wohlsein angenehm ist. Da erfinden sie irgend etwas, und sie interpretieren im gewöhnlichen Bewußtsein dasjenige, was eigentlich nur ihrer Annehmlichkeit, ihrem Wohlbefinden entspricht, so, daß sie das, nun, ich will sagen, aus anthroposophischen, aus okkulten, aus esoterischen Gründen unternehmen müssen, daß darinnen eine hohe Mission liege oder dergleichen. Dann deckt man – das geschieht ja im Leben außerordentlich häufig – mit einer solchen Selbstrechtfertigung unendlich vieles zu, was da in den Untergründen des animalischen Lebens wühlt und waltet. Der Traum, der seine sinnlichen Bilder drüben wählt, aber in diesen sinnlichen Bildern eine Offenbarung desjenigen sein will, was eigentlich in Wirklichkeit auch geistig-seelisch im Menschen waltet, der zeigt das Bild, wie der Mensch von wilden Tieren verfolgt wird und davonläuft und ihnen nicht entkommen kann. Wir werden seelisch-moralisch einen solchen Traum richtig interpretieren, nicht wenn wir seinen sinnlich-physischen Inhalt nehmen, sondern wenn wir ihn als Selbsterkenntnis nehmen; wenn wir in ihm eine Mahnung sehen, einmal auf die inneren Wahrheiten unseres Wesens zu schauen, ob diese nicht, wenn auch in schwacher Weise, den Trieben des Animalischen mehr gleichen als demjenigen, was wir uns in unseren Idealen vorzaubern.

So kann der Traum in der mannigfaltigsten Weise ein Mahner, ein Zurechtweiser sein. Und er kann, wenn er richtig nicht auf die untere, sondern auf die höhere Welt bezogen wird, durchaus richtunggebend in das menschliche Leben eingreifen, und dann kann man sehen, wie der Mensch in der Tat durch die bewußte Imagination darauf kommt, wie der Traum, der sich ja natürlich auch dem imaginativen Erkennen zunächst in seinen sinnlichen Bildern zeigt, sich metamorphosiert und sich ganz in moralisch-geistiges Geschehen verwandelt.

So sehen wir, daß der Traum etwas ist, das, ich möchte sagen, schon das gewöhnliche Bewußtsein hineinführt in die geistige Welt. Er muß nur richtig genommen werden, dieser Traum.» (GA 227, S. 120–122)

## WODURCH DIE AUSSAGE DES TRAUMES ZUR ILLUSION WERDEN KANN

«Nun habe ich ... darauf hingewiesen, wie der Mensch in Bewußtseinszuständen lebt, die gewissermaßen unter der Schwelle des gewöhnlichen Bewußtseins und über der Schwelle des gewöhnlichen Bewußtseins liegen. Unter der Schwelle des gewöhnlichen Bewußtseins liegt vieles von dem, aus dessen Regionen die Traumerlebnisse heraufsprudeln. Unter dieser Bewußtseinsschwelle liegt aber allerdings auch sehr, sehr vieles von dem, was der Mensch im wachen Tagesleben erfährt vom Aufwachen bis zum Einschlafen. Denn eine einigermaßen hinreichende Besonnenheit kann Ihnen zeigen, daß die Menschen über den Traum viel mehr wissen würden, wenn sie sich anstrengen würden, einiges mehr zu wissen, als sie es tun, über das Wachen. ... so würden sie nämlich finden, daß sie während dieses Wachens viel mehr träumen, als sie eigentlich glauben. Es ist wirklich nur scheinbar, daß eine sichere, feste Grenze besteht zwischen Wachen und Schlafen. Nicht nur träumen, kann man sagen, viele Menschen während des Wachens, sondern auch schlafen, schlafen mit Bezug auf sehr, sehr viele Dinge. Und in wahrhaft wachem Zustande sind wir nur ... mit Bezug auf unsere Vorstellungen und einen Teil unserer Gefühle, während ein großer Teil des Gefühlslebens und vor allen Dingen des Willensleben ... eigentlich immer verträumt und verschlafen wird. [Siehe das erste Kapitel.] Das Schlafensleben ragt durchaus in das wache Leben herein. Der Mensch würde sich viel mehr aufklären können über das Traumleben, wenn er versuchen wollte, anzuschauen, welcher Unterschied besteht zwischen den Vorstellungen, die so auf und ab wogen, die gewissermaßen kommen und gehen, die alles Mögliche anrufen, und die zum Verwechseln ähnlich sind dem Traumleben, und denjenigen Vorstellungen, bei denen man mit seinem vollen Willen tätig ist. Man wird nur einen kleinen Teil der Vorstellungswelt des Menschen finden, bei dem man mit seinem vollen Willen eine Vorstellung an die andere reiht, während der Mensch gar oftmals in seinem Tagesleben auch diejenigen Augenblicke hat, wo er sich dem Vorstellungsablauf so hingibt, wie es dieser Vorstellungsablauf selber haben will. Bedenken Sie einmal, wie, wenn Sie sich so Ihrem Vorstellungsablauf hingeben, die eine Vorstellung die andere heraufruft, wie Sie sich an längst Vergangenes dadurch erinnern, daß Sie eine Gegenwartsvorstellung angeschlagen haben und diese Gegenwartsvorstellung längst vergangene Erlebnisse in Ihnen heraufruft. [Siehe den Abschnitt «Vom Einfluß der Tageserinnerungen auf die Traumbildung», S. 46ff.] Das ist ein Vorgang, der oftmals nicht stark verschieden ist von dem Träumen. Weil man so wenig, ich möchte sagen, innere technische Denkkraft hat, um das wache Tagesleben richtig zu verfolgen, deshalb haben auch die wenigsten Menschen heute schon die richtige Begabung, das Schlafesleben mit dem heraufsprudelnden Traumesleben richtig zu taxieren. ...

... Wenn Sie Ihr Traumleben verfolgen, so werden Sie allerdings finden, daß Sie die Bilder der Träume in außerordentlich schwieriger Weise sinnvoll sich deuten können. Wie sich so ein Traumbild an das andere reiht, das hat doch zumeist einen recht chaotischen Charakter – [ähnlich wie beim ungesteuerten Vorstellungsleben]. Aber dieser chaotische Charakter ist nur an der Oberfläche. Unter dieser Oberfläche lebt der Mensch in einem Elemente, das durchaus nicht chaotisch ist, aber es ist anders, total anders, als das Erleben im wachen Tagesleben ist. Man braucht sich nur in einem Falle klarzumachen, inwiefern das Traumesleben anders ist als das wache Tagesleben, und man wird gleich den radikalen Unterschied sehen. Im wachen Tagesleben wäre es sehr unangenehm, wenn mit Bezug auf das Verhältnis zu andern Menschen auch das vorhanden wäre, was im Traume vorhanden ist. Denn im Traume erlebt der Mensch zu fast allen Menschen, mit denen er irgendwie in karmischer Beziehung steht, ein Band; ... Von da an, wo Sie anfangen einzuschlafen, bis Sie wieder aufwachen, geht von Ihnen eine Kraft zu unzähligen Menschen, und von unzähligen Menschen gehen Kräfte zu Ihnen. ... im Schlafe sprechen Sie mit unzähligen Menschen, und unzählige Menschen sprechen mit Ihnen. Und was Sie in Ihrer Seele erleben während des Schlafes, sind die Mitteilungen unzähliger Menschen; und was Sie tun während des Schlafes, das ist, daß Sie Ihre Gedanken an unzählige Menschen hinsenden. Dieses Verbinden der Menschen, dieses Verbundensein der Menschen untereinander ist während des Schlafes ein sehr, sehr inniges. Es wäre im höchsten Grade peinlich, wenn während des wachen Tageslebens sich das fortsetzte. Das ist ja das Wohltätige des ‹Hüters der Schwelle›, [darüber Genaueres im Abschnitt «Erlebnisse an der Schwelle zur höheren Welt», S. 160ff.], daß er dem Menschen das verbirgt, was unter der Schwelle seines Bewußtseins ist. Im Schlafe wissen Sie es in der Regel, wenn Sie einer anlügt; Sie wissen in der Regel, wenn einer recht böse an Sie denkt. Überhaupt die Menschen kennen einander im Schlafe verhältnismäßig recht gut, aber in einem dumpfen Bewußtsein. Das alles wird durch das wache Bewußtsein überdeckt, und es muß überdeckt werden, aus dem einfachen Grunde, weil der Mensch nie zu demjenigen selbstbewußten Denken kommen würde, ... und auch zur Handhabung des freien Willens, ...

Nun kommt aber etwas anderes, das bedeutsam ist. Aus diesem Leben, das der Mensch unbewußt wirklich durchmacht vom Einschlafen bis zum Aufwachen, tauchen die Träume herauf. Warum sind die nicht ein wahres Abbild des Lebens da unten? Oh, diese Träume wären, wenn sie wahre, unmittelbare Abbilder wären, alles mögliche. Sie wären erst bedeutsame Mitteiler über unsere Beziehungen zu der Welt und zu den Menschen, sie wären auch bedeutsame Mahner. Sie würden uns ungeheuer stark ins Gewissen reden über diese oder jene Dinge, über die wir uns so gerne im Leben Illusionen hingeben. Daß wir – ich möchte schon fast sagen – nicht ausgesetzt sind dem, was die Träume mit uns beginnen würden, wenn sie wahre Abbilder des Lebens unter dem Bewußtsein wären, das kommt davon her, daß unser waches Tagesleben uns so stark mit Kräften durchdringt, daß es – ich möchte sagen – seine Schatten wirft über das ganze Traumleben hin. Und so tragen wir die Vorstellungen, die Bilder des wachen Tageslebens in das Traumesleben, respektive in das Schlafesleben hinein, und dadurch entstehen die Träume. Nehmen wir zum Beispiel an, Sie träumen, oder sollten träumen von einer Persönlichkeit, welche sich zur Aufgabe stellt, Ihnen klarzumachen, daß Sie wiederum etwas recht Ungeschicktes, etwas recht Ungehöriges getan haben. Das kommt vor. Auch andere Persönlichkeiten könnten Mahner sein, könnten uns ins Gewissen reden während des Schlafes. Sie haben aus den Erfahrungen und aus den Gewohnheiten des tagwachen Lebens den Wunsch oder die Begierde, ... solches Gerede nicht anzuhören. Sie wollen nichts hören von dem, was Ihnen diese Persönlichkeit während des Schlafes sagt. Gut, der Wunsch setzt sich um in eine Verdunkelung des Erlebnisses; aber wenn zu gleicher Zeit eine so rege Seelentätigkeit vorhanden ist, daß das Bild heraufsprudelt, dann legt sich Ihnen aus dem wachen Tagesleben über dasjenige, was Sie eigentlich als Bild erleben sollten, das andere, daß Ihnen irgendein guter Freund, den Sie lieber anhören als den Mahner, sagt: Ach, was bist Du doch für ein außerordentlich feiner, immer nur das Beste, Netteste wollender und tuender Mensch! Gerade das Entgegengesetzte kann manchmal aus dem wachen Tagesleben und seiner Reminiszenz in Bildform hinübergehängt werden über dasjenige, was eigentlich erlebt wird. Im Grunde ist doch das wache Tagesleben die Veranlassung für alle Illusionen und Täuschungen, die während des Traumlebens entstehen.» *(GA 273, S. 148–152)*

Daher ist es von größter Bedeutung, jeden Traum genauestens zu betrachten und ihn mit dem jeweiligen Träumer und seiner Lebenssituation in Verbindung zu bringen. Dazu soll nun ein Traumbeispiel folgen, an dem auch deutlich werden kann, wie die Tagesvorstellungen das Grundanliegen der träumenden Seele überdecken. Erst ein höheres Erkennen kann die Illusion, den äußeren Bilderverlauf, durchschauen und die tiefere Absicht des Träumenden für sein Wachleben erkennen und fruchtbar machen.

«Nehmen Sie das folgende Beispiel: Eine Frau träumt, sie habe für ihren Mann zu kochen, manchmal eine schwierige Aufgabe für eine Hausfrau. Nun, sie träumt, sie habe ihm schon alles Mögliche vorgeschlagen. Erster Vorschlag: ‹Mag ich nicht!› Zweiter Vorschlag: ‹Mag ich auch nicht!› Dritter Vorschlag: ‹Mag ich erst recht nicht! Damit kannst du mir zu Hause bleiben!› Und so weiter. Die Frau ist darüber schon ganz unglücklich im Traume. Da fällt ihr ein: ‹Wir haben ja auf dem Boden eine gesalzene Großmutter; sie ist zwar etwas zäh, aber sollte ich sie dir nicht morgen kochen?› Auch ein Traum, den Sie in der Literatur finden können. Wer mit Träumen bekannt ist, wird nicht zweifeln, daß der Traum sich so abgespielt hat. Ich könnte dieses Beispiel durch hunderte gleichgeartete vermehren. Sie werden sich unmittelbar sagen müssen: Die Stimmung des Ängstlichen liegt zugrunde. Irgend etwas liegt vor, was der Frau eine ängstliche Stimmung gemacht hat. Diese Stimmung, die gar nichts zu tun zu haben braucht mit der Vorstellung des Kochens und dergleichen, setzt sich in eine solche Traumvorstellung um. Dies ist nur eine Umkleidung der ängstlichen Stimmung. Diese aber hat die Seele während des Schlafes nötig, um aus der Angst herauszukommen, sie sucht sich über die Angst hinwegzuhelfen, und gerade so, wie Sie über die gesalzene Großmutter gelacht haben, so erfindet die Seele diese zu dem übrigen Trauminhalt in grotesk-komischer Weise sich hinzugesellende Vorstellung, um innerlich die Ängstlichkeit zu überwinden, um in eine ironisierende, humorvolle Stimmung zu kommen. Das ist es, was Sie in den Träumen immer verfolgen können: ein Oszillieren, ein Hin- und Herschwingen von Stimmungen und – wie die Uhr hin- und herpendelt – ein Hin- und Herpendeln zwischen Spannung und Entspannung, zwischen Ängstlichkeit und Lustigkeit und so weiter. Immer ist für die Gliederung der Traumvorstellungen maßgebend das, was im Gefühlsleben des Menschen das hervorragend Bedeutsame ist. Nach diesem Gesichtspunkt: Gewisse Spannungen in der Seele zu überwinden, wird der Traum gestaltet. Aus dieser Notwendigkeit, Spannung in Entspannung, Entspannung in Spannung überzuführen, wird erst dasjenige, was als Vorstellung gar nicht besonders bedeutsam ist, geboren. Die Seele zaubert sich etwas vor, was ein Imaginatives, sein kann für das, worauf es eigentlich ankommt.» *(GA 67, S. 228/229)*

Es ist also immer zu bedenken, daß der Traum kein Abbild dessen ist, was in der Seele geschehen ist, sondern nur ein Hinweis darauf, daß im Schlafe etwas erlebt wurde. Das folgende Beispiel kann dieses noch auf eine andere Weise als in diesem Abschnitt zeigen: hier kündet ein immer wiederkehrender Traum von den verborgenen Entwicklungsvorgängen im Lebensgang eines Menschen.


## DER TRAUM UND DIE VERBORGENEN VORGÄNGE IN DEN SEELENTIEFEN

Dieser Beitrag soll ein Beispiel sein dafür, wie der Traum mit seinen Bildern dem geistig Schauenden tiefe innere Vorgänge offenbaren kann.

«Einen Traum ... wollen wir als Verräter der verborgenen Tiefen des Seelenlebens betrachten. Da hat sich folgender Traum rhythmisch, periodisch bei einem Menschen wiederholt, angeregt durch ein Jugenderlebnis.

Der Betreffende hatte, als er noch Schüler war, ein gewisses Zeichentalent bewiesen; deshalb hatte ihm der Lehrer gerade in der Zeit, als er bald von der Schule abgehen sollte, eine besonders schwere Zeichnung gegeben. Während der Schüler sonst in einer gewissen Zeit mehrere Zeichnungen kopierte, konnte er mit dieser, weil er es mit den Einzelheiten genau nahm, das ganze Jahr nicht fertig werden, ... So kam es, daß der entscheidende Schulschluß herannahte, und daß von der Arbeit, zu der noch vieles andere hätte treten müssen, nur ein verhältnismäßig geringer Teil beendigt war. Man kann sich nun denken, daß der Schüler, weil er wußte, daß er mit seiner Arbeit nicht fertig werden würde, eine gewisse Angst oder Furcht durchlebt hat. Aber diese Angst, die er damals erlebte, war gar nichts gegen jene Angstzustände, die nun regelmäßig nach Verlauf einer ganz bestimmten Anzahl von Jahren als Traumerlebnis immer wieder auftauchten! Nach einer Anzahl von Jahren, während welcher der Traum nicht aufgetaucht war, träumte der Betreffende, wie er noch Schüler ist, seine Zeichnung nicht fertig wird, und es darüber mit der Angst bekommt. Immer größer und größer wurde das Angsterlebnis des Traumes, bis er erwachte. Und wenn der Traum einmal dagewesen war, wiederholte er sich nach einer Woche vielleicht. Dann blieb der Traum wieder jahrelang aus, kam wieder, wiederholte sich nach einer Woche, darauf blieb er wieder aus, und so sehr oft.

Das Verständnis für dieses merkwürdige Traumerlebnis gewinnt man erst, wenn man auf das übrige Leben dieses Menschen eingeht. Der Betreffende hatte als Schüler ein gewisses Zeichentalent, das entwickelte sich erst allmählich sein ganzes Leben hindurch, etappenweise, stufenweise. Wenn man nun genau beobachtete, so zeigte sich immer, daß dieser Mensch in bezug auf seine Fähigkeit zum Zeichnen jedesmal Fortschritte machte und wieder mehr konnte, wenn ein solches Traumerlebnis vorangegangen war und die Zunahme der zeichnerischen Fähigkeiten angekündigt hatte. So daß man immer sagen konnte: Das Traumerlebnis trat ein, und nachher fühlte sich dieser Mensch in einer ganz besonderen Weise von größeren Fähigkeiten durchzogen und durchgossen, um sich zeichnerisch auszudrücken. – Es ist dies ein außerordentlich interessantes Erlebnis, das in die Tatsachenwelt eines Menschen hineinspielen kann. Wie kann nun die Geisteswissenschaft ein solches Erlebnis erklären?

Wenn wir zu Hilfe nehmen, ... daß in dem Menschenwesen sein übersinnlicher zentraler Wesenskern lebt, der fortwährend an der Umgestaltung von inneren Kräften, aber auch an der Umgestaltung der äußeren Physiognomie arbeitet, wenn wir darauf Rücksicht nehmen, daß ein solcher zentraler Wesenskern als eine übersinnliche Wesenheit beim Menschen vorhanden ist und ihm zugrunde liegt, dann werden wir sagen müssen: Während des ganzen Lebens arbeitet dieser zentrale Wesenskern beim Menschen an seinem Leibesinstrument, an seiner ganzen Organisation, denn die braucht man, wenn man fortwährend neue Fähigkeiten entwickeln will, die sozusagen mit äußeren Fertigkeiten zusammenhängen. – Es arbeitete dieser zentrale Wesenskern die leibliche Organisation so um, daß der Mensch immer geschickter, immer fassungsfähiger wurde für Formen, für alles das, was unter den Fähigkeiten das ausmacht, wodurch man etwas zeichnerisch ins Auge faßt und es formend ausdrücken kann.

In den Leib hinein arbeitet des Menschen zentraler Wesenskern. So lange nun, als dieser innere Wesenskern in den Leib hineinarbeitet, so lange seine Tätigkeit sich hineinergießt in den Leib, so lange kann er nicht ins Bewußtsein heraufreten. Da ergießen sich seine ganzen Kräfte in die Umformung der Leibesorganisation, die dann als Fähigkeiten – in diesem Fall als Zeichnen – auftreten. Erst wenn eine gewisse Stufe erreicht ist, und der Mensch so umorganisiert ist, daß er diese Umorganisation ins Bewußtsein heraufholen kann, wenn er also fähig wird, dasjenige wissend auszuüben, was seine neugewonnenen Fähigkeiten sind, erst in dem Augenblicke, da sein zentraler Wesenskern ins Bewußtsein herauftritt, kann der Mensch wissen, was in ihm geschieht, was da unten in den verborgenen Tiefen des Seelenlebens arbeitet. Aber ein Übergang ist in unserem Falle da. Wenn der Mensch noch gar nichts davon weiß, daß in den Zeiten, wo er äußerlich nicht vorrückt, der zentrale Wesenskern an seinen zeichnerischen Fähigkeiten arbeitet, bleibt alles unten in den verborgenen Tiefen des Seelenlebens. Aber wenn der Zeitpunkt da ist, wo der zentrale Wesenskern ins Bewußtsein heraustreten soll, dann macht sich dies in dem eigentümlichen Traumerleben bemerkbar, das sich deshalb in diese Form kleidet, weil angekündigt werden soll, daß der innere Wesenskern mit den zeichnerischen Fähigkeiten an einen gewissen Abschluß gekommen ist. So ist dieser Traum jedesmal ein Beweis, daß etwas erreicht ist. Bis dahin, wo der Traum eintritt, haben die Seelenkräfte unten in verborgenen Tiefen im Leibesinneren gearbeitet, um die Fähigkeit allmählich herauszukristallisieren. Dann aber, bevor diese Kräfte sich offenbaren können durch das Bewußtsein, nachdem sie so weit erhärtet sind, und die leibliche Organisation für diese Fähigkeit fertig ist, wird noch ein Übergang geschaffen. Zunächst tritt sie nicht voll ins Bewußtsein herauf, sondern gießt sich um in das Halbbewußtsein des Traumes. Durch den Traum bricht das Verborgene des Seelenlebens in die bewußten Teile des Seelenlebens herein. Daher nach dem Traume immer das Weiterschreiten des Menschen in bezug auf diese Fähigkeit, die sich so charakteristisch im Traume symbolisch zum Ausdruck bringt.

So sehen wir in der Tat, wie des Menschen zentraler Wesenskern einmal unten arbeiten kann in den Gründen der sinnlichen und übersinnlichen Leibesorganisation, dann aber sehen wir, wenn der Mensch es bis zu einem gewissen Grade dahin gebracht hat, es ins Bewußtsein zu erheben, und der innere Wesenskern mit seiner Arbeit an einem Abschluß ist, wie es sich dann erst in einem Traumerlebnis ausdrückt und diese Tätigkeit sich in die Kräfte umwandelt, die im bewußten Leben auftreten. So haben wir eine Korrespondenz zwischen dem, was unten ist, und dem, was oben im bewußten Leben sich abspielt. Und wir sehen auch, warum so vieles nicht in das bewußte Leben heraufdringen kann, denn dasjenige kann nicht in das Bewußtsein heraufdringen, was der Mensch noch braucht, um erst die Organe herauszugestalten, damit er die Fähigkeiten umgestaltet, welche dann die Werkzeuge für das bewußte Leben werden müssen. So können wir sagen, daß das ganze Leben hindurch beobachtet werden kann, wie der zentrale Wesenskern des Menschen am Organismus arbeitet. Wenn sich der Mensch während der Kindheit nach und nach entwickelt, von innen nach außen, dann ist es derselbe innere Wesenskern, der an ihm, bevor das Ich-Bewußtsein eintritt, bis zu jenem Zeitpunkte arbeitet, an den sich der Mensch dann später zurückerinnern kann, derselbe Wesenskern, der auch später an ihm weiter arbeitet. In einem fortwährenden Sichverwandeln ist die Gesamtwesenheit des Menschen. Was der Mensch in seinem Seelenleben erlebt, das erlebt er bald so, daß er nichts davon weiß, aber daß es in ihm schaffend tätig ist, bald so, daß es die schaffende Tätigkeit einstellt, aber dafür in die bewußte Tätigkeit heraufdringt. Dieser Zusammenhang besteht zwischen dem, was wir in den oberen Regionen des Bewußtseins haben, und dem, was im Unterbewußten, in den verborgenen Tiefen des Seelenlebens in uns ruht.

Diese verborgenen Tiefen des Seelenlebens sprechen oft so, daß sie wahrhaftig eine ganz andere Sprache reden, eine ganz andere Weisheit entfalten, als das, was sich der Mensch in seinem Oberbewußtsein auch nur träumen läßt. Daß des Menschen Bewußtsein nicht zusammenfallend gedacht werden darf mit dem, was wir die Vernunft der Dinge nennen, die das menschliche Bewußtsein gleichsam spiegelt, können wir daraus entnehmen, daß die vernünftige Tätigkeit, das Walten der Vernunft uns auch dort entgegentritt, wo wir in demselben Sinne nicht eine Beleuchtung durch die Vernunft annehmen können, wie es beim Menschen der Fall ist.» *(GA 61, S. 139–143)*

## DER TRAUM ALS PROPHET

«Es wird heute meine Aufgabe sein, einiges zusammenzufassen von dem, was wir zum Teil schon wissen, was aber immer zusammengefaßt werden kann, so daß es uns wiederum gewisse Richtlinien gibt für unser geisteswissenschaftliches Streben. Wir müssen uns vor allen Dingen öfter mit dem Gedanken bekanntmachen, daß unser Erdenleben, so wie wir es führen zwischen der Geburt und dem Tode, im Grunde ein Zwischenleben ist zwischen dem, was vorangegangen ist an zahlreichen Erdenleben und an zahlreichen Leben, die verlaufen sind zwischen Tod und neuer Geburt und wiederum zwischen dem, was in der Zukunft liegt an zahlreichen Erdenleben und an zahlreichen Leben zwischen Tod und neuer Geburt. Ein Zwischenleben sage ich, ist dieses unser Leben. Danach können wir erwarten, daß sich in unserem Leben etwas zeigt, was wir gewissermaßen ansehen können wie eine Wirkung des Vorhergehenden, daß aber auch in unserem Leben etwas liegt, was wir ansehen können wie etwas, was uns nun hinweist auf Zukünftiges. Insbesondere in bezug auf das letztere sei heute einiges besprochen.

Der Mensch könnte nämlich leicht glauben, wenn er so sein Leben betrachtet, daß eigentlich nichts in diesem Leben ihn hinweist darauf, daß in uns schon die Keime, gleichsam die Samenkörner für ein zukünftiges Leben liegen. Nun ist das aber doch der Fall. Es ist wirklich der Fall, daß in uns sich vorbereitet dasjenige, was mit uns in der Zukunft geschehen soll. Wir müssen nur unser Leben in der richtigen Weise deuten, dann werden wir darauf kommen können, was in uns gleichsam so für die Zukunft verborgen liegt, wie in der gegenwärtigen Pflanze das Samenkorn für die zukünftige Pflanze liegt, für die Pflanze, die erst entstehen soll. Etwas Unverständliches im gegenwärtigen Leben bildet ja vielfach das uns allen sattsam bekannte Traumleben. Dieses Traumleben, gewiß, es hat etwas als einen Teil in sich, von dem wir ja wirklich sagen können, er ist uns bis zu einem gewissen Grade verständlich. Wir träumen von Dingen, die uns an dies oder jenes erinnern, das wir im Leben durchgemacht haben. Gewiß, es kommt sehr häufig vor, daß dann jene Dinge, die wir gestern oder vor Zeiten durchgemacht haben und von denen wir träumen, dann verändert sind, daß sie eine andere Gestalt haben im Traum, daß sie sich irgendwie verwandeln. Aber wir werden doch in einem solchen Fall oftmals mit einer gewissen Leichtigkeit einsehen können, daß in dem, was wir träumen, wenn es sich auch verändert hat, da drinnen Teile unseres Lebens stecken, so wie wir es hinter uns haben. Aber ich glaube, kein Mensch, der nur einige Aufmerksamkeit auf sich und seine Traumwelt wendet, wird andererseits sich verhehlen können, daß es Träume gibt, welche uns so Merkwürdiges vorführen, daß wir wirklich nicht sagen können, das sei nur zurückzuführen auf dasjenige, was wir im Leben da oder dort durchgemacht haben. Es ist wirklich so, daß der Mensch sich nur ein wenig auf seine Träume zu besinnen braucht, und er wird schon deutlich merken können, daß ihm, wenn man so sagen darf, Sachen träumen, welche wahrhaftig nicht von ihm, nach allem, woran er sich erinnern kann, jemals hätten eigentlich ausgedacht werden können, auf die er jemals hätte kommen können.

Verstehen werden wir diesen ganzen Zusammenhang, wenn wir uns die Natur desjenigen einmal genauer vergegenwärtigen, was im Träumen eigentlich geschieht. Im schlafenden Zustande sind wir, wie uns bekannt ist, mit unserem astralischen Leib und mit unserem Ich ja außer unserem physischen und Ätherleib. ... Nun ist es für den Menschen, so wie es gegenwärtig auf der Erde steht – wenn er sich nicht irgendwie besondere Fähigkeiten erwirbt –, nicht möglich, dasjenige bewußt zu erleben, was der Astralleib und das Ich durchmachen, wenn der Mensch schläft. Das geht im Unbewußten vor sich. Aber die hellseherische Erkenntnis zeigt uns, daß dasjenige, was da durchlebt wird, ebenso mannigfach, daß ebenso ausgeprägt ist, was da außerhalb des physischen Leibes ist, wie das, was erlebt wird von dem physischen Leibe, daß es ebenso mannigfaltig, ebenso vielgestaltig ist wie manches, was hier auf dem physischen Plan erlebt wird; nur das Bewußtsein kann es nicht in sich hineinfassen, aber vorhanden ist es, erlebt wird es. Das Träumen nun entsteht dadurch, daß der astralische Leib und das Ich, die sonst gewissermaßen so weit außer dem physischen und Ätherleib sind, daß der physische und der Ätherleib nichts merken von den Vorgängen, die mit dem astralischen Leib und dem Ich geschehen, in solche Nähe des physischen und Ätherleibes kommen, daß der Ätherleib imstande wird, als solcher jetzt Eindrücke zu empfangen von den Vorgängen im astralischen Leib und im Ich. Wenn Sie aufwachen und wissen: ich habe geträumt, so ist es eigentlich ganz genau gesprochen so, daß dasjenige, was der Inhalt Ihres Traumes ist, dadurch zu Ihrem Bewußtsein kommt, daß der astralische Leib und das Ich untertauchen; und bevor der physische Leib fähig ist, zum Bewußtsein zu kommen, daß er den Astralleib und das Ich wieder in sich hat, wird es der Ätherleib; und indem der Ätherleib rasch aufnimmt, was der Astralleib und das Ich erlebt haben, entsteht der Traum. Es ist also eine Wechselwirkung zwischen astralischem und Ätherleib, wodurch der Traum entsteht.

Dadurch aber bekommt der Traum eine ganz bestimmte Färbung. Er bekommt, ich möchte sagen, eine Art von Überzug. Sie wissen ja, daß, wenn im Tode der Mensch mit dem Astralleib und Ich und dem Ätherleib herausgeht, der Mensch im Ätherleib eine unmittelbare Rückschau hat auf das Erdenleben. Diese Rückschau ist eigentlich am Ätherleib haftend; wenn er aufgelöst ist, hört die Rückschau auf. In diesem Ätherleib steckt also die Möglichkeit, all die Ereignisse unseres Lebens in sich abzudrücken. Im Ätherleib ist wirklich also abgedrückt, was wir im Leben durchgemacht haben.

Dieser Ätherleib ist ein sehr kompliziertes Gebilde. Wenn wir diesen Ätherleib herauspräparieren könnten so, daß wir ihm seine Gestalt lassen, so wäre er uns ein Spiegel unseres gegenwärtigen Lebens, ein Bild unseres Lebens bis zu dem Punkte, bis zu dem Momente, wo wir uns erinnern können. Dadurch, daß wir untertauchen mit dem Astralleib und Ich in den Ätherleib hinein und der Ätherleib entgegenkommt dem untertauchenden astralischen Leib, bringt er Dinge, Erinnerungen von Dingen, die er erlebt hat, dem entgegen, was da im Astralleib hereinkommt, kleidet das, was im Astralleib wirklich ist, in seine eigenen Bilder.

Ich will mich genauer aussprechen. Nehmen wir einmal an, jemand erlebt draußen im schlafenden Zustande im astralischen Leib und im Ich, sagen wir, eine Begegnung mit einer Persönlichkeit. Davon weiß der Mensch dann nichts. Er erlebt eine solche Begegnung; er erlebt, daß er zu dieser Persönlichkeit ein gewisses freundschaftliches Gefühl haben wird, daß er mit dieser Persönlichkeit ein Gemeinschaftliches unternehmen werde. Nehmen wir an, das erlebt er außerhalb seines Ätherleibes. Das kann sein; aber er weiß nichts davon. Jetzt kommt der Moment des Aufwachens. Da geht der astralische Leib und das Ich zurück in den Ätherleib, bringt sein Erleben entgegen dem Ätherleib. Der Ätherleib bringt das, was in ihm ist, seine Bilderwelt, dem Astralleib entgegen, und der Mensch träumt. Er träumt ein Ereignis, das er unternommen hat vor vielleicht zehn, zwanzig Jahren. Da sagt sich der Mensch: Ja, ich habe geträumt von dem, was ich vor zehn, zwanzig Jahren erlebt habe. Vielleicht aber ist das, wenn er sich genau besinnt, ganz verändert. Aber es erinnert ihn doch an etwas, was er früher erlebt hat. Was ist da eigentlich vorgegangen? Wenn wir genau mit Hilfe hellseherischer Erkenntnis den Vorgang verfolgen, sehen wir, das Ich und der Astralleib haben etwas erlebt, was eigentlich erst in der nächsten Inkarnation sich abspielen wird: die Begegnung mit einer Persönlichkeit, irgend etwas, was man mit dieser Persönlichkeit zu tun hat. Aber der Mensch kann das noch nicht fassen in seinem Ätherleib, der in sich nur enthält, der nur fassen kann die Bilder des gegenwärtigen Lebens. Taucht jetzt der astralische Leib unter, dann kleidet der Ätherleib das, was eigentlich dem zukünftigen Leben angehört, in die Bilder des gegenwärtigen Lebens. Dieser eigentümliche komplizierte Vorgang geschieht eigentlich fortwährend mit dem Menschen, indem er träumt.

Wenn Sie alles das zusammennehmen, was Sie bisher schon gehört haben in der Geisteswissenschaft, dann wird es Ihnen nicht absonderlich vorkommen. Dessen müssen wir uns bewußt sein, daß wir in dem, was herausgeht aus unserem physischen und dem Ätherleib, in unserem Astralleib und dem Ich, dasjenige darinnen haben, was in die nächste Inkarnation hinüber will, was sich in uns vorbereitet für die nächste Inkarnation. Und lernt man allmählich die Träume trennen von dem, was Bilder sind vom gegenwärtigen Leben, so lernt man die prophetische Natur der Träume kennen. Die prophetische Natur der Träume kann sich einem wirklich enthüllen, man muß nur lernen, die Träume von den gegenwärtigen Bildern, in die sie eingekleidet sind, zu entkleiden. Man muß bei den Träumen mehr sehen auf die Art und Weise, wie man erlebt, als auf das, was man erlebt und sich zum Beispiel sagen: Daß ich von einer Persönlichkeit träume, das kommt von der Art meines Ätherleibes, von der Art, wie mein Ätherleib mit seinen gegenwärtigen Bildern den Erlebnissen des Astralleibes entgegenkommt. Bei dem, was man erlebt, muß man, um das zu erkennen, was schon vorbereitet ist für das nächste Leben, mehr die Art und Weise ins Auge fassen, um es zu trennen von dem Bilde in unserem Ätherleib. In der Tat, in den Träumen haben wir wirklich in uns steckende Propheten unserer zukünftigen Erlebnisse. Das ist außerordentlich wichtig, daß wir das gehörig ins Auge fassen. Das Menschenleben enthüllt sich überhaupt immer mehr und mehr, je mehr wir es als etwas Kompliziertes betrachten. Man möchte es einfacher haben, das wäre ja bequemer, aber es ist nun schon einmal so, daß es kompliziert ist.

Sehen Sie, der Mensch, der in der äußeren physischen Welt steht, wird sich nicht bewußt, daß in ihm Allerlei steckt. Jetzt haben wir kennengelernt, was in uns steckt als ein Prophet zukünftiger Leben.» *(GA 157, S. 267–272)*

ALPTRÄUME

UND DER «UNBEKANNTE BEGLEITER» DES MENSCHEN

Alpträume und der «unbekannte Begleiter», diese traumartigen Erfahrungen sind Ausdruck sehr problematischer Grunderlebnisse des Menschen und hängen mit den tiefsten Evolutionsgeheimnissen der Welt zusammen. Sie müssen deshalb gründlich analysiert werden, um sie im Zusammenhang mit der menschheitlichen Entwicklung in der richtigen Weise lösen zu helfen. Daß dieses nur mit Hilfe der anthroposophischen Geisteswissenschaft möglich ist, macht die folgende Darstellung deutlich.

«Ich habe es aus vielen Zusammenhängen heraus betont, daß es nicht eine Willkür ist, daß wir heute Geisteswissenschaft treiben, sondern daß die Beschäftigung mit dieser Geisteswissenschaft von uns gefordert wird durch die Evolution der Menschheit, durch das, was im gegenwärtigen Zeitpunkte in der Menschheitsevolution sich vorbereitet. [Es kommt nämlich auf uns etwas zu, ja es gibt heute schon etwas wie ein unverstandenes Erlebnis: ein Sich-getrennt-Fühlen von seinem physischen Leibe.] ... Es wird eine Zeit kommen, wo an viele, viele Menschen immer mehr die Empfindung herantreten wird: Ja, was ist denn das, ich fühle mich so, wie wenn ich mich gespalten hätte, wie wenn da noch ein Zweiter neben mir wäre. – Und diese Empfindung, dieses Gefühl, das als etwas Natürliches auftreten wird, geradeso wie Hunger oder Durst oder andere Erlebnisse, darf nicht unverstanden bleiben bei den Menschen der Gegenwart und Zukunft. Verständlich wird es sein, wenn die Menschen sich bequemen werden, durch die Geisteswissenschaft die eigentliche Bedeutung dieses Gespaltenseins zu verstehen. Insbesondere wird auch die Pädagogik ... darauf Rücksicht nehmen müssen. Man wird lernen müssen, auf gewisse Erlebnisse der Kinder sorgfältiger zu achten, als man das bisher getan hat, wo diese Erlebnisse auch nicht in demselben Maße da waren. ...

Kinder werden andeuten: Da oder dort habe ich ein Wesen gesehen, das hat zu mir dies oder jenes gesagt, was ich tun soll –

... der ist wieder verschwunden, aber er kommt immer wieder und wieder; ... und ich kann nicht aufkommen gegen ihn –, so wird der, welcher die Geisteswissenschaft versteht, erkennen, daß sich da etwas in dem Kinde ankündigt, was immer deutlicher in der Menschheitsevolution hervortreten wird. Was ist denn das, was sich da ankündigt?

Wir werden es verstehen, wenn wir zwei Grunderlebnisse des Menschen ins Auge fassen. ... In das menschliche Leben spielen immer Erlebnisse herein, die von Luzifer und Ahriman stammen. ... Nun hängt Luzifer mit alledem zusammen, was noch nicht bis zur Deutlichkeit der einzelnen Sinne sich ausgewachsen hat, was undeutlich an den Menschen, undifferenziert an ihn herankommt. Mit anderen Worten: Luzifer hängt mit dem Atemerlebnis zusammen. ... Das Atmen des Menschen ist etwas, was in einem ganz bestimmten geregelten Verhältnis stehen muß zu seiner Gesamtorganisation. In dem Augenblick, wo der Atmungsprozeß in irgendeiner Weise gestört ist, verwandelt sich sogleich die Atmung aus dem, wie sie sonst auftritt, nämlich als unbewußter Vorgang, auf den wir nicht zu achten brauchen, ... in einen mehr oder weniger traumhaft bewußten Vorgang. Und wenn – wir können es ganz trivial ausdrücken – der Atmungsprozeß zu energisch wird, wenn er größere Anforderungen an den Organismus stellt, als dieser Organismus leisten kann, dann hat Luzifer die Möglichkeit, mit dem Atmen einzudringen in den menschlichen Organismus. Er muß es ja nicht selbst sein, aber seine Scharen tun es, diejenigen, die zu ihm gehören.

Ich weise damit auf eine Erscheinung hin, welche jeder kennt als Traumerlebnis. Dieses Traumerlebnis kann sich in beliebiger Weise steigern. Der Alptraum, wo also der Mensch durch das gestörte Atmen zum Traumbewußtsein kommt, so daß sich Erlebnisse der geistigen Welt hineinmischen können, und auch alle Angst- und Furchterlebnisse, die mit Alpträumen verbunden sind, haben in dem luziferischen Element der Welt ihren Ursprung. Alles, was vom gewöhnlichen Atmungsprozeß übergeht zum Würgen, zu dem Gefühl des Gewürgtwerdens, das hängt zusammen mit dieser Möglichkeit, daß Luzifer sich einmischt in den Atmungsprozeß. Das ist der grobe Prozeß, wo durch eine Herabminderung des Bewußtseins Luzifer sich in das Atemerlebnis hineinmischt, gestaltenhaft in das Traumbewußtsein tritt und da zum Würger wird. Das ist das grobe Erlebnis.

Es gibt aber auch ein feineres Erlebnis, das uns dieses Würgeerlebnis gleichsam verfeinert, nicht so grob wie ein physisches Würgen darstellt. Man achtet gewöhnlich nicht darauf, daß eine solche Verfeinerung des Würgens zu den menschlichen Erlebnissen gehört. Aber jedesmal, wenn an die menschliche Seele dasjenige herantritt, was zu einer Frage wird oder zu einem Zweifel an diesem oder jenem in der Welt, dann ist in verfeinerter Weise ein Würgeerlebnis da. Man kann schon sagen: Wenn wir eine Frage aufstellen müssen, wenn ein kleines oder ein großes Weltenrätsel sich uns aufdrängt, dann werden wir gewürgt, aber so, daß wir es nicht merken. – Jeder Zweifel, jede Frage ist ein verfeinertes Alpdrücken oder ein verfeinerter Alptraum.

Wenn wir nun die Sache geisteswissenschaftlich betrachten, so können wir sagen: Bei allem, wo der Würgeengel im Alptraum uns bedrückt, oder wo wir durch die Fragestellung eine innere Bedrückung, einen Anflug von Beängstigung erfahren, haben wir es mit einem gleichsam stärkeren, energischeren Atmungsprozeß zu tun, mit etwas, was im Atem lebt, was aber, damit die menschliche Natur in der richtigen Weise funktioniert, harmonisiert, abgeschwächt werden muß, damit das Leben richtig verläuft. Was findet nun statt, wenn ein energischerer Atmungsprozeß eintritt? Da ist gleichsam der Ätherleib und alles, was mit der ätherischen Natur des Menschen zusammenhängt, zu weit ausgedehnt, zu sehr auseinandergedrängt, und da sich das dann auslebt im physischen Leibe, so kann es sich nicht auf den physischen Leib beschränken, es will ihn gewissermaßen auseinanderzerren. Ein zu üppiger, ein zu weit ausgedehnter Ätherleib liegt einem verstärkten Atmungsprozeß zugrunde, und dann besteht die Möglichkeit für das luziferische Element, sich besonders geltend zu machen.

Man kann also sagen: Das Luziferische kann sich in die

menschliche Natur hineinschleichen, wenn der Ätherleib geweitet ist. – ...» *(GA 158, S. 98–101)* – Dieses Problem findet seinen künstlerischen Ausdruck schon im alten Griechenland in der Ödipus-Sage. (Siehe ausführliche Erläuterungen dazu im gleichen Vortrag, *GA 158, S. 102/103 u. 107–111.*)

Aber es gibt noch ein anderes Grunderlebnis in unserer Zeit, das in seiner Art viel stärker ein allgemeines Problem ist als das eben angesprochene. Es ist das typische Gegenwartsproblem, «daß der Ätherleib [des Menschen] sich zusammenschnürt, sich zusammenzieht, zu klein wird. – Je weiter der Mensch kommen wird in der materialistischen Verachtung des Spirituellen, desto mehr wird sich dieser Ätherleib zusammenziehen und austrocknen. Da aber die Durchorganisierung des physischen Leibes davon abhängt, daß der Ätherleib ihn ganz richtig durchdringt, so wird für den physischen Leib immer eine Tendenz auftreten, wenn der Ätherleib zu sehr zusammengedrängt ist, daß der physische Leib auch auszutrocknen beginnt ...» *(GA 158, S. 103)*, wodurch das Ahrimanische seine Herrschaft über den Menschen ausüben kann.

«Aber noch eine Eigentümlichkeit ist dadurch hervorgerufen, daß der Ätherleib gleichsam zusammengezogen ist, ärmer ist an Ätherkräften, als es im Normalen der Fall ist. Diese Eigentümlichkeit wird uns am klarsten, wenn wir einen Blick auf die gesamte menschliche Natur werfen. Wir sind in gewisser Beziehung schon physisch eine Zweiheit. Denken Sie doch, wenn Sie so dastehen, sind Sie eben der physische Mensch. Aber zu dem physischen Menschen gehört es, daß die Atemluft immerfort in ihm darinnen ist. Diese Atemluft jedoch ist bei dem nächsten Ausatmen schon wieder nach außen befördert, so daß der Atemluftmensch, der Sie durchdringt, fortwährend wechselt. Sie sind nicht bloß das, was aus Muskeln und Knochen besteht, der Fleisch- und Knochenmensch, sondern Sie sind auch der Atemmensch. Der aber wechselt fortwährend, geht hin und her, aus und ein. Und der Atemmensch ist es, der wieder im Zusammenhang steht mit dem immerfort zirkulierenden Blute.

Wie getrennt von diesem ganzen Atmungsmenschen liegt in Ihnen der Nervenmensch, der andere Pol, in dem das Nervenfluidum zirkuliert, und es ist nur eine Art äußere Berührung, ein äußeres Zusammenkommen zwischen dem Nervenmenschen und dem Blutmenschen. So wie nur diejenigen Ätherkräfte, die nach dem Luziferischen hin tendieren, durch das Atmen leicht an das Blutsystem herankommen können, so können die Ätherkräfte, welche nach dem Ahrimanischen hin tendieren, nur an das Nervensystem herankommen, aber nicht an das Blutsystem. Ahriman ist es versagt, in das Blut unterzutauchen; er kann fortwährend in den Nerven leben, bis zum Vertrocknen, zur Nüchternheit leben, ...» 'Und weil ihm die Wärme des Blutes fehlt, wird er zum Spötter, zum nüchternen Begleiter des Menschen. Goethe hat dieses Problem vorausgeahnt und es im «Faust» in der Gestalt des Mephistopheles dichterisch dargestellt. Diesem Mephistophelischen, das an die reinen Nervenprozesse gebannt ist, steht der moderne Mensch gegenüber, ja, er ist ihm ausgeliefert. Der moderne Mensch steht mit allem, was aus seinem Verstande, seiner Nüchternheit drängt, dem Mephistophelischen gegenüber, und es wird immer mehr und mehr heraufziehen als ein Grunderlebnis, je weiter wir in der Evolution kommen. Und das, was im kindlichen Erlebnis als das unbekannte sprechende Wesen auftreten wird, wird dieses mephistophelische Erlebnis sein. Der moderne Mensch wird der Pein entgegengehen, in seine materialistischen Vorurteile hinein verzaubert zu werden, einen zweiten Leib neben sich zu haben, der alle seine Vorurteile enthalten wird. Und wie bereitet sich das vor?' (s. *GA 158, S. 104–106*)

«Der moderne Mensch ... weiß eigentlich alles so gut nach seiner Meinung, beobachtet die Sinneswelt, kombiniert sie mit seinem Verstande, und dann lösen sich ihm alle Rätsel. Er ahnt nicht, wie sehr er in der äußeren Phantasmagorie herumtappt. Das aber verdichtet immer mehr seinen Ätherleib, trocknet immer mehr seinen Ätherleib aus und führt endlich dazu, daß das [ahrimanisch-]mephistophelische Element wie eine zweite Natur sich heften wird an das Wesen des Menschen der Gegenwart in die

Zukunft hinein. Alles das, was an materialistischen Vorurteilen, an materialistischer Beschränktheit sich entwickelt, wird die mephistophelische Natur verstärken, und wir können jetzt schon sagen: Wir sehen in eine Zukunft hinein, wo jeder geboren wird mit einem zweiten Menschen, welcher sagen wird, die da von der geistigen Welt reden, sind Narren. Ich weiß alles, ich verlasse mich auf meine Sinne. – Gewiß, der Mensch wird abweisen... das Mephistopheles-Rätsel, aber er wird heften an seine Fersen ein zweites Wesen. Das wird ihn so begleiten, daß er den Zwang empfinden wird, materialistisch zu denken nicht durch sich, sondern durch ein zweites Wesen, das sein Begleiter ist.

... Das werden wir verstehen müssen, und die Menschheit wird dem Kinde in zukünftigen Zeiten so viel an Bildung mitgeben müssen – sei es durch Eurythmie, sei es durch geisteswissenschaftliche Gesinnung –, durch welche der Ätherleib belebt werden muß, daß der Mensch seine richtige Stellung wird einnehmen können, daß er erkennen wird, was sein Begleiter bedeutet. ...

Man kann schon sagen: Ein jedes Zeitalter weiß dasjenige, was sein Charakteristisches ist, in eine Grund- oder Ursage zu fassen. – Solche Grund- oder Ursagen sind die Ödipus-Sage in Griechenland und die Mephistopheles-Sage in der neueren Zeit. Aber diese Dinge müssen möglichst aus den Fundamenten heraus wirklich verstanden werden.

Sie sehen, was sonst nur als Dichtung auftritt – die Auseinandersetzungen von Faust und Mephisto –, das wird, man möchte sagen, zum Fundament für die Zukunftspädagogik. ...» *(GA 158, S. 106/107)*

'Während der griechische Mensch danach streben mußte, sich bewußt zu werden seines Ich im physischen Leibe, was Luzifer verhindern wollte und bei manchem auch heute noch will, so muß der Mensch unserer Zeit sich darum bemühen, sich zu befreien von diesem zu stark gewordenen Ich, was wiederum Ahriman verhindern will. Diese beiden Grundprobleme stehen hinter dem Erlebnis des Alptraumes und dem Erleben eines unbekannten

Begleiters des Menschen, die ihn durch böse Träume bedrücken können.

Durch die Erweiterung des Ich-Bewußtseins über die geistige Welt ist sowohl eine Stärkung des Ich als auch eine Loslösung des Ich von der Bindung an das Materielle möglich, und zwar durch die Schulungswege der modernen Geisteswissenschaft. Damit antwortet diese Geisteswissenschaft auf die Forderungen der menschlichen Evolution in unserer Zeit, und es ist deshalb nicht aus Willkür, daß sie heute betrieben wird.' *(s. GA 158, S. 112)*

## DER TRAUM ALS ANREGER ZU KÜNSTLERISCHEM SCHAFFEN

«Der Mensch als Erdenwesen kennt zunächst drei wechselnde Bewußtseinszustände: den Wachzustand vom Aufwachen bis zum Einschlafen, den entgegengesetzten Zustand, das ist der Schlafzustand, wo gewissermaßen die Seele hinuntertaucht in die geistige Finsternis und keine Erlebnisse um sich herum hat, und zwischen beiden den Traumzustand, von dem uns ja bewußt ist, wie in ihn hineinspielen die wachen Erlebnisse, wie aber auf der anderen Seite durch gewisse außerordentlich bedeutsame und interessante innere Kräfte die Zusammenhänge des Wachens verändert werden, wie, um nur einiges zu erwähnen, zum Beispiel längst Vergangenes als ein unmittelbar Gegenwärtiges erscheint; [oder] wie etwas, was in völliger Unbedachtsamkeit an dem Bewußtsein vorübergegangen ist, von dem man vielleicht im gewöhnlichen Wachleben keine besondere Beachtung genommen hat, heraufrückt in das Traumbewußtsein und so weiter. Dinge, die sonst durchaus nicht zusammengehören, werden durch den Traum zusammengebracht.» *(GA 225, S. 169)*

«Träume mögen noch so chaotisch sein, sie mögen Schreck- und Angstträume sein, sie mögen liebliche Träume sein, immer weben sie und leben sie in Bildern, die sie vor die Seele hinzaubern. Sehen wir ab von dem Trauminhalt, aber sehen wir hin auf die Traumdramatik, da sehen wir, wie die Seele gewissermaßen webt und lebt aufwachend oder einschlafend in diesen Traumesbildern.

Ja, da äußert sich eine gewisse Kraft der Seele. Möge man nun streiten darüber, inwiefern diese Bilder falsch oder richtig sind – daß diese Bilder geformt werden können, muß uns darauf hinweisen, daß da eine Kraft in der Seele ist, die diese Bilder formt. Das Traumbild wird durch eine innere Kraft der Seele vor diese Seele selbst hingestellt. Es liegt eine innerlich webende Kraft der Seele im Erbilden der Träume.

Schauen Sie hin auf den Moment des Aufwachens. Sie müssen verspüren, wie, auftauchend aus der Finsternis des Schlafes, diese innerlich webende Kraft vorhanden ist. Aber sie taucht unter in den physischen und in den Ätherleib. Sie würden fortträumen, wenn diese Kraft nicht untertauchen würde. Es ist die Kraft des astralischen Leibes. Der astralische Leib, der ohnmächtig ist, seiner selbst gewahr zu werden, wenn er außerhalb des physischen und des Ätherleibes ist, beginnt sich zu spüren, seine eigene Kraft zu empfinden, indem er aufwacht, indem er den Widerstand des physischen und des Ätherleibes fühlt beim Hineintauchen. Es nimmt sich chaotisch im Traum aus, aber es ist die eigene Kraft der Seele, die da gelebt hat vom Einschlafen bis zum Aufwachen und die jetzt untertaucht.» *(GA 225, S. 173/174)*

«Der ganz philisterhafte Mensch wird nicht viel auf Träume hinschauen. Der abergläubische Mensch wird sie sich deuten lassen in einer äußerlichen Weise. Der poetische Mensch ... sieht aber noch auf dieses wunderbare Traumesweben und Traumesleben hin. Denn es dringt da aus naturhaften Tiefen des Menschen etwas herauf, was zwar nicht so seine Bedeutung hat, wie der Abergläubische es meint, was aber doch darauf hinweist, daß auch der im Schlaf befindliche Mensch aus dem Naturhaften heraus Erlebnisse hat, die aufsteigen wie Wolken, wie Nebel, wie schließlich auch Berge sich erheben, im Laufe von langen Zeiten wieder versinken. Nur daß das im Traumleben schnell geht, während im Weltenall langsam die Gebilde auf- und niedersteigen.

Und noch eine zweite Eigentümlichkeit haben die Träume. Wir träumen von Schlangen, die um uns sind, auch wohl von Schlangen, die uns berühren an unserem Körper. Menschen, welche in unfugartiger Weise zum Beispiel Kokain genießen, können dieses Schlangenerlebnis traumhaft in besonders hohem Maße haben. Wer sich dem Laster des Kokaingenusses hingibt, bei dem kriechen die Traumschlangen aus allen Winkeln des Leibes heraus in seiner Traumwahrnehmung, auch wenn er nicht schläft.

Und so können wir sagen: Wir sehen auf Träume hin, die so geartet sind, wie die eben beschriebenen. – Wir werden immer, wenn wir achtgeben auf das Leben, sehen, daß das solche Träume sind, die uns anzeigen, daß in unserem eigenen Inneren etwas nicht in Ordnung ist. Wir merken eine Verdauungsstörung, wenn wir solche Schlangenträume haben. Die Windungen der Verdauungsorgane symbolisieren sich uns in der Traumanschauung in Windungen von Schlangen.

Oder jemand träumt, er gehe spazieren und er komme plötzlich an eine Stelle, wo sich ein ganz weißer Pflock erhebt, der aber oben schadhaft ist – ein weißer Steinpflock, eine Steinsäule, die oben schadhaft ist. Er wird unruhig im Traume über diese schadhafte obere Spitze des Pflockes. Er wacht auf: Zahnschmerzen! Er fühlt sich unbewußt gedrängt, irgendeinen seiner Zähne anzugreifen, er fühlt ja den Zahn . . .: Jetzt muß ich zum Zahnarzt gehen, da gehört ja eine kleine Plombe hinein, der Zahn ist schadhaft. Was ist denn da geschehen? Dieses ganze Zahnerleben, mit Schmerz verbunden, das eine Unordnung im ganzen Organismus darstellt, stellt sich im symbolischen Bilde dar. Der Zahn ist ein weißer Pflock, etwas schadhaft, etwas angefressen. Wir nehmen im Traumbilde etwas wahr, was eigentlich in unserem Inneren ist.

Oder aber wir träumen lebhaft, daß wir in einem Zimmer sind, in dem wir gar nicht atmen können. Wir geraten im Traume in innere Unruhe, was aber alles Traumerleben ist. Da – wir haben es früher nicht gesehen – steht in einer Ecke ein Ofen, der ganz heiß ist. Es ist zu stark eingeheizt. Ah, jetzt wissen wir im Traume, warum wir nicht atmen können: es ist heiß im Zimmer! Das alles im Traume. – Wir wachen auf. Wir haben ein heftiges Herzklopfen und einen stark laufenden Puls. Die Zirkulation, die ins Unregelmäßige geraten ist, symbolisiert sich in dieser Weise im Äußeren als Traum. Es ist etwas da, etwas, das in uns selber ist; wir nehmen es wahr, aber wir nehmen es nicht so wahr wie bei Tag. Wir nehmen es im symbolischen Bilde wahr. Oder aber wir träumen davon, daß da draußen irgendwo außerhalb des Fensters lebhaft die Sonne scheint. Aber das Sonnenlicht beunruhigt uns. Wir werden unruhig im Traum über diese scheinende Sonne, an der wir sonst Wohlgefallen haben. Wir wachen auf – das Haus des Nachbarn brennt. Ein äußeres Ereignis symbolisiert sich nicht so, wie es ist, sondern in einem ganz anderen Bilde. So sehen wir schon, es ist eine naturhaft schaffende Phantasie im Traume. Äußeres drückt sich aus im Traume.

Nun brauchte es nicht dabei zu bleiben. Der Traum kann sich sozusagen aufraffen, seine eigene innere Bedeutung und Wesenheit zu haben. Wir träumen irgend etwas, und der Traum, der sich uns allerdings im Bilde darstellt, kann nicht auf ein Äußeres bezogen werden. Wenn wir nach und nach darauf kommen, sagen wir, daß sich im Traume eine ganz andere Welt zum Ausdruck gebracht hat. Es sind andere Wesen handelnd, da begegnet uns ein dämonisches oder auch ein elfenartig schönes Wesen. Also nicht nur, daß unsere gewöhnliche physisch-sinnliche Welt, wie sie an uns und außer uns ist, im Traume sich bildhaft darstellt, es kann sich in den Traum auch eine ganz andere Welt hereindrängen, als unsere ist. Menschen können von der höheren übersinnlichen Welt in sinnlichen Traumesbildern träumen.

So hat das heutige menschliche Bewußtsein den Traum neben dem gewöhnlichen Wachbewußtsein. Und man muß ja in der Tat sagen: Veranlagt sein zum Träumen macht uns eigentlich zu Poeten. – Die Menschen, die nicht träumen können, werden immer schlechte Poeten bleiben. Denn man muß sozusagen dasjenige, was naturhaft im Traume auftritt, übersetzen in die tagwachende

Phantasie, um Poet, um überhaupt Künstler sein zu können, Künstler auf allen Gebieten.

Derjenige zum Beispiel, der mehr von der Art träumt, daß sich ihm äußere Gegenstände symbolisieren, wie das brennende Haus des Nachbarn durch die in das Zimmer hereinscheinende Sonne, der wird am nächsten Tag, nachdem er einen solchen Traum gehabt hat, sich angeregt fühlen zum Komponieren. Er ist ein Musiker. Derjenige, der, sagen wir, sein eigenes Herzklopfen als einen kochenden Ofen empfindet, der wird am nächsten Tag sich angeregt fühlen, zu modellieren oder Architekturgebilde zu schaffen. Er ist Architekt oder Bildhauer oder auch Maler.» *(GA 243, S. 36–39)*

'Die Nähe von Traum und Kunst zeigt sich sowohl in der Ähnlichkeit des Erbildens von Träumen mit dem Erschaffen von Kunstwerken als auch in ihren Wirkungen auf den sensiblen Menschen.

Denn was im Laufe der Kulturentwicklung fortwährend Beseligung und Erhebung in das menschliche Leben hineingetragen hat, das ist ja die Kunst. Im Traum erlebt der Mensch die geistige Welt so, daß sich durch das Anstoßen an seine Leiblichkeit mit einer unbewußten Kraft Sinnbilder gestalten, und auch das, was der wirkliche Künstler erlebt, und was im Kunst genießenden, im Kunst empfangenden Menschen vorgeht, spielt sich in den unbewußten Regionen des Seelenlebens ab, in denjenigen Regionen, die jenseits des bloßen physischen Erlebens liegen. Das wirklich Künstlerische wird hineingetragen aus den übersinnlichen in die sinnlichen Regionen des Lebens, nur daß sich dann in der Kunst die Umkleidung mit Bildern nicht unbewußt vollzieht.

So sind Traum und Kunst gleichermaßen eine Botschaft aus einer übersinnlichen Welt, und das rechte Anschauen des Traums und das rechte Genießen der Kunst sind wie ein Heraufheben der Seele zu der übersinnlichen Welt.' *(s. GA 67, S. 252/253)*

'Und hat es der Mensch gar dahin gebracht, durch Weiterentwicklung, durch Läuterung der Traumvorgänge zur Imagination hin, sich hineinzustellen in die schöpferischen Kräfte der Natur, dann geht man in der plastischen Kunst eigentlich nicht auf den äußeren physischen Leib, der selber nur eine Nachahmung des Ätherleibes ist, sondern dann geht man bewußt auf diesen Ätherleib selber. Dann formt man diesen Ätherleib und füllt ihn gewissermaßen nur mit der Materie, mit dem Stoffe aus. Man kann durch Imagination diese elementarische oder imaginative Traumregion, die überall konfiguriert ist, die überall in der Lage ist, Gestalten aus sich heraus zu schaffen, erschauen, und aus dem Schauen dieses Raumes heraus nun wirklich auch in bildender Kunst gestalten, sei es architektonisch, sei es bildhauerisch, aber auch malerisch.' (s. GA 82, S. 99–104)

'Doch auch das unbewußte Erleben des Astralleibes – im besonderen der Verstandes- und der Gemütsseele – in der Sternenwelt, die von Sphärenmusik durchklungen ist, kann im wachen Tagesleben zum musikalischen Schaffen führen, und das unbewußte Erleben der Bewußtseinsseele in der geistigen Welt kann im Tagesbewußtsein als eine Grundkraft der Dichtkunst erscheinen.

Zusammenfassend kann man sagen: Es bringt der Mensch das, was er in den höheren Welten unbewußt erlebt, in wunderbaren Traumbildern ins Alltagsbewußtsein, wodurch er zu künstlerischem Tun angeregt werden kann, oder wenn er den Nachklang der Erlebnisse in den höheren Welten in seinem Tagesbewußtsein wahrnimmt, er in den fünf Künsten: der Baukunst, der Bildhauerei, der Malerei, der Musik oder der Poesie Abschattungen, Offenbarungen der geistigen Wirklichkeit hier auf der Erde zustande bringt.' (s. GA 102, S. 223/224)

# IV. DAS TRAUMERLEBEN IM ZUSAMMENHANG MIT DEM HÖHEREN ERKENNEN

Die Vorgänge des Träumens sind in tieferem und umfassenderem Sinne nur dann zu verstehen, wenn man sie vergleicht mit dem übersinnlichen Erkenntnisweg des Menschen, wie ihn Rudolf Steiner in seinen Schulungsbüchern dargestellt hat, zum Beispiel in «Die Geheimwissenschaft im Umriß» (GA 13, Kap. «Die Erkenntnis der höheren Welten») und «Wie erlangt man Erkenntnisse der höheren Welten?» (GA 10). Der übersinnliche Erkenntnisweg kann hier jedoch nicht ausführlich beschrieben werden, sondern nur so weit, wie es zum Verständnis des jeweiligen Zusammenhanges notwendig ist. Aber es zeigt sich in der Tat immer wieder, daß das bewußt entwickelte Hellsehen auf seinen ersten Stufen ein ins Bewußtsein gehobenes Träumen ist.

Aber wie schon die gewöhnliche exakte Beobachtung des Traumgeschehens den Menschen darauf stoßen kann, daß mit dem Träumen Hinweise auf versteckte übersinnliche Vorgänge gegeben werden, soll im folgenden Abschnitt dargestellt werden.

## EXAKTE BEOBACHTUNG ALS BRÜCKE ZUR ÜBERSINNLICHEN ERKENNTNIS DES MENSCHEN

'Die intellektualistisch-naturalistische Denkweise betrachtet nicht den ganzen Menschen, sondern nur einseitig den wachen Menschen, und nicht sein Leben zwischen Einschlafen und Aufwachen. Zwar gibt es in der Wissenschaft interessante Hypothesen über das Wesen des Schlafes und des Traumes, aber nur vom Gesichtspunkt des Wachenden erkannt. Doch als Wachender kann der Mensch nicht objektiv das Schlaf- und Traumleben erkennen, weil er darinnen keine bewußten Erlebnisse hat wie im wachen Sinneserleben. Die nächtlichen Erlebnisse sind nur mittelbare, und zwar solche, die nur ins Wachleben herüberscheinen. Gleichwohl ragt dadurch so viel Wunderbares und Staunenerregendes in das Wachleben hinein, daß der Mensch zutiefst zum Fragen und zum genauen Beobachten des Traumlebens angeregt wird. Wie kommt man zu objektiven Resultaten?' *(s. GA 303, S. 52/53)*

«Das kann zunächst der moderne Mensch mit seinen Mitteln gegenüber dem Schlafes- und Traumleben nicht. Und der erste Schritt, der in die übersinnliche Welt hinein gemacht werden soll, darf nicht darinnen bestehen, daß man gleich die übersinnliche Erkenntnis selbst anstrebt, sondern daß man eben eine Brücke baut von der gewöhnlichen sinnlich-physischen Erkenntnis hinüber zu der übersinnlichen Erkenntnis. Das kann dadurch erreicht werden, daß man die Schulung, die man sich durch die Beobachtung der sinnlich-physischen Welt angeeignet hat, lebensvoll ausdehnt über dasjenige, was aus Schlaf und Traum in das gewöhnliche Leben hereinragt. Beobachten kann allerdings der moderne Mensch; aber das Beobachten allein macht es nicht aus, sondern es kommt darauf an, daß man nach gewissen Richtungen hin beobachtet, wenn sich einem das Wesen der Dinge ergeben soll. Es kommt auf das an, wie man beobachtet.

Einige Beispiele sollen Ihnen zeigen, wie man die Beobachtung veranlagen soll gegenüber dieser anderen Seite des Lebens, die in das Tagleben hereinragt, die aber nicht von demselben Gesichtspunkte aus gewöhnlich beobachtet wird wie das gewöhnliche, wache Alltagsleben.

Es gibt Menschen, die nehmen den Unterschied zwischen dem wachen Alltagsleben und dem Schlafleben allerdings wahr, aber nur in einer ganz beschränkten Weise. Aber man kann doch sagen, in manchem naiven Gemüte ist ein Bewußtsein vorhanden, daß der Mensch etwas anderes ist im wachen Tagesleben als im Schlafleben. Deshalb sagen solche naiven Gemüter oftmals, wenn man ihnen die Wertlosigkeit zum Beispiel des Schlafes darlegen will, daß es faul sei, träge vom Menschen, wenn er zu viel verschläft: Solange man schläft, sündigt man nicht, man ist da kein sündiger Mensch. – Und damit wollen sie ausdrücken, daß der Mensch das, was er vom Aufwachen bis zum Einschlafen ist, ein sündiges Wesen, radikal nicht ist vom Einschlafen bis zum Aufwachen. Es liegt ein sehr guter Instinkt in dieser naiven Anschauung drinnen.

Aber dasjenige, was eigentlich auf diesem Gebiete vorliegt, wird man doch nur kennenlernen, wenn man die Beobachtung in entsprechender Weise ausbildet. Und da möchte ich zum Beispiel das Folgende sagen: Es wird gewiß einige unter Ihnen geben, vielleicht sind es alle, die Träume von der Art gehabt haben, welche ihrem Inhalte nach deutlich Reminiszenzen des äußerlich physisch-sinnlichen Lebens darstellen. Man kann zum Beispiel träumen, man werde an einen Fluß geführt, man müsse hinüber über diesen Fluß. Man sucht sich im Traume ein Boot. Man hat die ganze Mühe des Bootsuchens im Traume. Dann hat man das Boot gefunden – man kann das alles träumen –, man muß sich nun anstrengen, jeden einzelnen Ruderschlag zu machen. Man fühlt während des Träumens die Anstrengung, die man mit den Ruderschlägen macht, und endlich kommt man mit aller Mühe hinüber, wie man es im Alltagsleben etwa auch tun würde.

Viele solcher Träume sind vorhanden. Sie stellen sich als Träume dar, die wenigstens ihrem Inhalte nach klare Reminiszenzen des physisch-sinnlichen Lebens sind. Andere Träume stellen sich nicht als solche Reminiszenzen des physisch-sinnlichen Lebens dar. Auch solche Träume werden Sie kennen. Es kann zum Beispiel jemand träumen, er werde an einen Fluß geführt, er soll hinüber; er überlegt sich das im Traume, kurz und gut, er breitet seine Flügel aus, fliegt hinüber und kommt am anderen Ufer an. Man kann nicht sagen, daß das eine Reminiszenz aus dem physisch-sinnlichen Leben ist. ...

Nun tritt aber etwas sehr Eigentümliches ein, das einem erst auffällt, wenn man den Zusammenhang wirklich betrachtet zwischen dem Schlafesleben, dem Traumesleben und dem äußerlich sinnlich-wirklichen Leben im Wachzustande. Wer auf diesem

Gebiete exakt beobachtet, würde nämlich das Folgende sehen. Er würde wahrnehmen, wenn er einen solchen Traum oder solche Träume gehabt hat, die ihm all die Plackerei und Mühen des Alltagslebens im Traume auferlegen, die Reminiszenzen des physisch-sinnlichen Lebens sind, daß er ermüdet aufwacht. Die Glieder sind schwer, wenn er aufwacht, und er bleibt den ganzen Tag in dieser ermüdeten Stimmung. Man wacht also so auf aus einem Traume, der der sinnlich-physischen Wirklichkeit nachgebildet ist, daß man im Alltagsleben, im Wachleben, geschwächt ist. Beobachten Sie, wie ein Traum wirkt, der nicht eine Reminiszenz des physisch-sinnlichen Lebens ist: Wenn Sie einmal geflogen sind, so mit rechter Begeisterung, mit Leichtigkeit geflogen sind im Traume, kurz und gut mit Ihren Flügeln, die Sie ja im physischen Leben gar nicht haben, einen Fluß übersetzt haben, wachen Sie frisch und munter auf. Ihre Glieder sind leicht. Solche Unterschiede in der Wirkung des Traumeslebens und des Wachlebens muß man exakt beobachten, wie man sonst gewöhnt ist, in der Mathematik oder Physik zu beobachten. Würde man da nicht exakt beobachten, käme man auch nicht zu Resultaten. Aber in dieser Weise stellt man eben auf den besprochenen Gebieten die Beobachtungen nicht an; daher kommt man eben auch nicht zu Ergebnissen, die einen befriedigen können, noch zu Impulsen für ein weitergehendes Erkennen und Leben.

Und es ist nicht etwa so, daß man nur einzelne Aperçus hinstellen kann, die dann das, was ich eben angedeutet habe, scheinbar bestätigen, sondern je weiter man auf die Tatsachen eingeht, desto mehr zeigt sich, daß ein solcher Zusammenhang, den man ja ahnen kann, zwischen dem, was vorgeht im Schlafesleben und dem wachen Leben, besteht. Es gibt ja Träume, die verlaufen zum Beispiel so, daß man recht sympathische Speisen vor sich hat und im Traume ißt, mit riesigem Appetit und viel. Sie werden nun in der Regel wahrnehmen, wenn Sie im Traume gegessen haben, daß Sie appetitlos aufwachen, daß Sie irgendwie einen verdorbenen Magen haben, daß Sie den ganzen Tag nicht recht essen können. Haben Sie aber im Traume mit einem Engel gesprochen und haben Sie sich so recht hineinversetzt in diese Sprache mit dem Engel, dann werden Sie sehen, daß das in außerordentlich anregender Weise auf ihren Appetit während des Tages wirkt. ...

Schon wenn man mehr abstrakt denkt, sieht man daraus, daß mit dem Menschen irgend etwas zunächst ganz Unbekanntes vorgeht zwischen dem Einschlafen und Aufwachen, was herüberspielt in das wache Gebiet, in das Leben zwischen dem Aufwachen und Einschlafen. Und man kann nicht sagen, daß man nicht eigentlich ganz differenzierte Vorstellungen auf diesem Gebiete gewinnen könnte. Denn es ist doch etwas ganz Differenziertes, wenn man sagen muß: Träumen wir von dem, was im physisch-sinnlichen Leben die Wirklichkeit ist, wird der Traum zu dem, was eine Zeitlang die naturalistischen Dichter oder naturalistischen Künstler anstrebten, die nur immer das Leben nachahmen wollten, die nicht irgend etwas aus dem Übersinnlichen heraus in das Leben hineinstellen wollten, – wird der Traum solch ein Naturalist, dann wirkt er auf das wache Leben ungesund ein. Er wirkt Krankheit erzeugend. Wenn man also das gewöhnliche Sinnesleben im Traum herausträgt in den Schlaf hinein, so wirkt es krankmachend, ungesund zurück. Und auf der anderen Seite, wenn man dasjenige, was nicht real ist in der physisch-sinnlichen Welt, was der steife Philister für Phantastisches hält, für ein Mystisches, für ein Zeug, das ein vernünftiger Mensch, ein richtiger Intellektualist nicht geistig auffassen möchte, wenn es im Traume auftritt, so ist es gerade dasjenige, was einen dann munter, frisch und gesund macht. – So kann man ein eigentümliches Hereinspielen desjenigen beobachten, was zwischen dem Einschlafen und Aufwachen mit dem Menschen vorgeht, in das gewöhnliche wache Leben.

Und da die Dinge differenziert sind, so kann man schon sagen: es muß etwas mit dem Menschen geschehen, was unabhängig ist von der Leiblichkeit, denn es drückt sich in seiner Wirkung in der Leiblichkeit aus, während der Mensch schläft. Und der Traum ist dasjenige, was zunächst für das gewöhnliche Bewußtsein zur Verwunderung und zum Erstaunen hereinspielt, dasjenige, was da der

Mensch in einem außergewöhnlichen Zustande für sein gewöhnliches Bewußtsein nicht erlebt, sondern unbewußt durchmacht. Je mehr Sie versuchen werden, Beispiele zu sammeln, desto mehr werden Sie finden, daß in der Tat ein solcher realer Zusammenhang zwischen dem Wach- und Schlafleben existiert.

Aber sehen Sie sich jetzt den Traum einmal an. Er unterscheidet sich ganz wesentlich von dem Seeleninhalte des wachen Tageslebens. Dem wachen Tagesleben stehen wir so gegenüber, daß wir durch unseren Willen Vorstellung mit Vorstellung verbinden, Vorstellung von Vorstellung trennen. Das alles können wir im Traume nicht. Das Bild des Traumes webt sich, wie sich objektive Erscheinungen weben, ohne unseren Willen. Die Aktivität der Seele, die im wachen Tagesleben sich betätigt, ist herabgelähmt, sie geht in eine Passivität über gegenüber dem Traum.

Und wenn wir dann den Traum von einem ganz besonderen Gesichtspunkte aus studieren, wird er wiederum ein merkwürdiger Verräter geheimer Seiten unseres Menschenwesens. Beobachten Sie nur, wie Sie manchmal einem Menschen im Leben gegenüberstehen, den Sie beurteilen – nun, aus den Rücksichten des Lebens heraus. Sie gestatten sich nicht, Ihre ganze volle Innerlichkeit in dieses Urteil einfließen zu lassen. Sie urteilen so, daß Sie noch immer darauf Rücksicht nehmen, daß der Betreffende zum Beispiel einen Titel hat, daß derjenige, der einen solchen Titel hat, gewöhnlich in einer gewissen Art angesehen werden muß, ... Sie kommen zu einem gewissen Urteil im wachen Tagesleben. Im Schlafleben passiert Ihnen zuweilen aber das Folgende: Sie sehen sich diesem Menschen gegenüber und fangen an, ihn tüchtig durchzuprügeln, was von dem Urteil abweicht, das Sie im wachen Leben ausgebildet haben, was Sie aber hinweist auf tiefer in Ihnen liegende Sympathien und Antipathien, die Sie sich im wachen Tagesleben nicht gestatten, und die der Traum im Bilde vor Ihre Seele zaubert. Also etwas, was der Mensch sich nicht gesteht im wachen Tagesleben, was er aber in sich trägt, das wird in bildhafter Weise durch unterbewußte Imagination durch das Traumesleben vor die Seele hingestellt. Das ist noch verhältnismäßig leichter zu beachten. Aber würde man auf der anderen Seite auf manches, was im wachen Tagesleben an Verstimmungen, an Launen oder auch an einer unerklärlichen Munterkeit, die aus den Erscheinungen des Lebens heraus nicht zu verstehen sind, eingehen, so würde man finden, wenn man die Träume nicht vergessen hätte, die da waren: sie haben einen entweder zu dieser Verstimmung oder zu dieser Munterkeit gebracht; ins Unbewußte, ins Stimmungsgemäße schiebt sich dasjenige hinein, was vom Einschlafen bis zum Aufwachen erlebt wird, und was der Traum enthüllen kann. Man kann überhaupt das Leben in seiner Totalität nicht verstehen, wenn man diese andere Seite des Lebens, die zwischen dem Einschlafen und Aufwachen verläuft, nicht in exakter Weise in Rechnung zieht.

Aber das alles verläuft ja ohne das menschliche Zutun. Man kann nun aber auch dasjenige, was da auf unbewußte Weise unwillkürlich verläuft, zu einer vollbewußten Tätigkeit erheben, zu einer so vollbewußten Tätigkeit, wie nur die Tätigkeit ist zum Beispiel im Mathematisieren, im wissenschaftlichen Forschen. Und wenn man das tut, steigt man auf von dem Unbestimmten, das man anschauen kann, wenn man das Schlafesleben auf das wache Leben bezieht, zu dem, was einem dann an bewußt ausgebildeter Imagination, Inspiration und Intuition entgegentreten kann.» *(GA 303, S. 54–59)*

'Das traumhafte Wahrnehmen oder unterbewußte Imaginieren ist dasjenige, worauf die Welt stammelnd hindeutet, indem sie uns das Schlafleben vorführt. Aber dieses traumhafte Wahrnehmen kann ganz methodisch zu einem höheren Wahrnehmen weitergebildet werden. Und durch dieses höhere Wahrnehmen wird erst wahre Menschen- und Welterkenntnis möglich, wie sie in der anthroposophischen Geisteswissenschaft angestrebt wird.' *(s. GA 303, S. 59)*

## DAS TRAUMBEWUSSTSEIN ALS
## CHAOTISCHES GEGENBILD GEISTIGER ERFAHRUNG

In der anthropsophischen Forschung wird die Initiationserkenntnis gepflegt. In ihr gibt es drei Erkenntnisstufen, bzw. Bewußtseinszustände: die Imagination, die Inspiration und die Intuition, durch die übersinnliche Erkenntnisse von der Welt gewonnen werden können.

«Stellen wir uns zunächst noch einmal vor das Auge, daß für das heutige Zivilisationsleben, für alles dasjenige, was die Menschheit heute anerkennt in bezug auf Wirklichkeit, in bezug auf Dasein, eigentlich nur ein Bewußtseinszustand besteht, das ist derjenige *des wachen Tageslebens*. Es sind außer diesem wachen Tagesleben für den Menschen heute in unserem Weltenzyklus ... ja noch zwei andere Bewußtseinszustände vorhanden. Die aber können zunächst nicht als unmittelbar maßgebend für irgendeine Erkenntnis angesehen werden. Es ist der Zustand des Traumbewußtseins, in dem der Mensch heute nur Reminiszenzen an das Tagesleben erlebt oder auch kleine Durchbrüche aus dem geistigen Leben heraus. Aber im gewöhnlichen Traumleben sind sowohl die Reminiszenzen an das Tagesleben, wie auch die Durchbrüche, die Offenbarungen aus der geistigen Welt heraus so entstellt, so in einzelne ungleiche Bilder und Symbole getaucht, daß daraus keine Erkenntnis zu gewinnen ist.

Wenn wir uns mit Hilfe der Initiationswissenschaft die Frage beantworten wollen: Worin lebt denn der Mensch eigentlich, wenn er träumt? – so stellt sich eine solche Antwort folgendermaßen dar: Der Mensch, wie er im gewöhnlichen Leben dasteht, trägt in sich erstens seinen physischen Leib, denjenigen, den heute die Sinne sehen, den die Wissenschaft der Anatomie, der Physiologie, der Biologie betrachtet [siehe Zeichnung 1, hell]. – Das ist das erste Glied der Menschennatur, das jeder zu kennen glaubt, aber – wie wir noch sehen werden – heute eigentlich am wenigsten wirklich kennt.» *(GA 243, S. 113/114)*

'Als zweites Glied hat der Mensch den Ätherleib, den Bildekräfteleib, eine feine Organisation, die nicht mit Augen gesehen werden kann, die erst gesehen werden kann, wenn der Mensch die erste Stufe der Initiation ausgebildet hat. Dieser Bildekräfteleib (orange), der steht in einer viel innigeren Verbindung mit dem Kosmos als der physische Leib, der in seiner ganzen Organisation gleichsam selbständiger, von der Umwelt abgegrenzter ist.

Zeichnung 1

Dann hat aber der Mensch ein drittes Glied in seiner Organisation, das wir den astralischen Leib (grün) nennen. Das ist eine Organisation, die man weder mit den physischen Sinnen noch mit dem geistigen Sinn für das Erkennen des Ätherleibes wahrnehmen kann. Wenn wir mit diesen beiden Erkenntniskräften an den Menschen herantreten, nehmen wir von seinem astralischen Leib nur wahr die Leere, ein räumliches Nichts, wie ein Loch, ein allseitig geschlossenes Loch, das in den Raum hineingestellt ist (grün). Erst dann, wenn man zum leeren wachenden Bewußtsein kommt, wenn man also sich in völlig wachem Zustande der Welt so gegenüberstellen kann, daß man nichts vom Sinnlichen wahrnimmt, daß auch das Denken und die Erinnerungen, die an den

Ätherleib gebunden sind, schweigen, man aber doch eine Welt wahrnimmt, dann füllt sich diese Leere aus, und wir wissen, wir haben in dieser Leere das erste Geistige in uns, den astralischen Leib des Menschen.' (s. *GA 243, S. 114/115*)

«Ein weiteres Glied der menschlichen Organisation ist das eigentliche Ich [rot]. Dieses Ich nehmen wir nur wahr, wenn das leere Bewußtsein weiter und weiter entwickelt wird. Nun ist das beim Träumenden so, daß er abgesondert von sich liegen hat im Bette den physischen Leib und den ... Bildekräfteleib; abgesondert davon in der geistigen Welt sind der astralische Leib und das Ich. Aber wir können ja mit dem astralischen Leib und mit dem Ich, wenn wir nur das gewöhnliche Bewußtsein haben, nicht wahrnehmen. Wodurch nehmen wir denn äußere Eindrücke in der gewöhnlichen Welt wahr, die wir zwischen Geburt und Tod durchleben? Dadurch, daß wir Augen in dem physischen Leibe eingesetzt haben, dadurch, daß wir Ohren in dem physischen Leibe eingesetzt haben. So wie der Mensch heute in der Weltenevolution ist, hat er im gewöhnlichen Leben keine entsprechenden Organe ... im astralischen Leib oder in dem Ich eingesetzt. Er geht also heraus aus seinem physischen und ätherischen Leib zum Träumen, gerade so, wie wenn er im physischen Leib, in der physischen Welt gar keine Augen und keine Ohren an sich hätte, es also finster und stumm um ihn wäre. ... Gerade durch jene Seelentrainierung, von der ich in meinen Büchern gesprochen habe, können in den astralischen Leib und in die Ich-Organisation Organe hineinkommen, Seelenaugen, Seelenohren und so weiter. ... Dann tritt eben bei ihm die Möglichkeit ein, durch Initiationsanschauung in die geistige Welt hineinzuschauen. ...

Beim gewöhnlichen Träumer, wie ist es denn da? Nun, stellen Sie sich einmal ganz lebendig vor, wie es mit dem Einschlafen geht. Physischer Leib [siehe Zeichn. 2, hell], Ätherleib [orange] bleiben im Bette liegen. Der astralische Leib [grün], die Ich-Organisation [rot] treten heraus. Ich muß natürlich schematisch zeichnen. Jetzt ist in dem Momente, wo dieses stattfindet, im astralischen Leibe noch ein völliges Mitvibrieren mit dem physischen

Leibe und mit dem Ätherleibe vorhanden. ... Er hat alles mitgemacht, was Augen, Ohren, was der Wille in der Bewegung im physischen Leib, im Ätherleib vom Morgen bis zum Abend an innerer Tätigkeit ausgeführt haben. ... Aber indem die Tageserlebnisse hier [siehe Zeichn. 2: Punkte werden eingezeichnet] nachzittern, stoßen sie ja an die geistige Welt, die ringsherum ist, überall an, und es entsteht ein chaotisch ungeordnetes Ineinanderwirken zwischen der Tätigkeit der äußeren geistigen Welt und dem, was da im astralischen Leib nachzittert, ... ein Chaos. Und der Mensch ist noch drinnen in alledem, was da entsteht, und wird es gewahr. ... Es wird Traum. Aber daß nicht viel gegenüber der Wirklichkeit damit anzufangen ist, das sehen Sie ja doch ein.» (GA 243, S. 115–117)

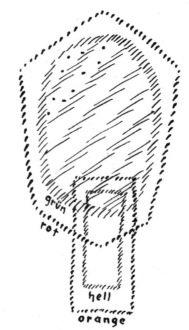

Zeichnung 2

'Wie ist es beim Initiierten? Der Initiierte ist in der Lage, wenn er sich vom physischen und vom ätherischen Leib trennt, sogleich alles das zu unterdrücken, was an Reminiszenzen, an Nachzittern aus den Tageserlebnissen da ist. Er muß das nicht in sich selbst nacherleben, sondern er kann die äußeren Vorgänge in der geistigen Umwelt beobachten dank seiner entwickelten Seelenorgane. Daher treten statt der Träume geordnete Wahrnehmungen der geistigen Welt auf. So daß wir sagen können: *Das Traumbewußtsein ist ein chaotisches Gegenbild geistiger Wahrnehmungen.*

Der Initiant muß jedoch auf seinen ersten Stufen um die klaren Wahrnehmungen kämpfen, denn in dem Momente, wo er sich erkennend in die geistige Welt hineinversetzen will, treten immer wieder und wiederum die Nachbilder der physischen Welt auf und stellen sich wie störende Bilder vor die reinen Bilder der geistigen Welt, und es machen sich immer wieder Träume geltend. Nur Geduld und Ausdauer können dasjenige überwinden, was da als ein starker Kampf auftritt.

Auf eine starke, harmonische Seelenverfassung kommt ungeheuer viel an bei der wirklichen Geistesschau: Man muß auf der einen Seite die Anlage haben, die einen in die höchsten Höhen der Phantasie hinaufführen könnte, wenn man sich gehen ließe; auf der anderen Seite muß man einen nüchternen Sinn verbinden mit dem, was innere Aktivität, innere Beweglichkeit ist.' *(s. GA 243, S. 117–119)*

«Daher ist es schon so, daß, wenn man auf der einen Seite den verständnisvollen Blick hinrichtet auf das Traumbewußtsein und es versteht als dasjenige, was chaotische Bilder aus der geistigen Welt heraufbringt, man auf der anderen Seite weiß, daß nun die ganze Kraft der Persönlichkeit hinein muß in diejenige Kraft der Seele, die sonst nur träumt, um geistige Erkenntnis zu haben. Dann erst bekommt man einen Begriff von dem, was es heißt, in die geistige Welt hineinzukommen.

Ich sage, das Traumbewußtsein bringt das Geistige herauf. Es könnte scheinbar im Widerspruch stehen mit dem, daß das Traumbewußtsein ja auch Bilder aus dem Leibesleben heraufbringt. Aber der Leib ist nicht bloß leiblich, der Leib ist überall von Geistigkeit durchzogen. Und wenn einer davon träumt, daß eine vorzüglich duftende, Wohlgeschmack versprechende Mahlzeit vor ihm steht, und er eben daran geht – im Traume, meine ich –, diese Mahlzeit zu verzehren, trotzdem er nicht auch nur ein Zehntel von dem in der Tasche hat an Geld, was diese Mahlzeit kosten würde, dann ist es so, daß in dem Symbol der Mahlzeit dennoch die wirklichen geistigen astralischen Inhalte der Verdauungsorgane sich im Bilde vor ihn hinstellen. Es ist doch im Traume immer der Geist, wenn es auch der Geist ist, der im Leiblichen sitzt. Der Traum bringt immer Geistiges herauf, aber eben sehr häufig das Geistige, das im Leiblichen sitzt. Das muß man erkennen.

Man muß erkennen, wenn man von Schlangen träumt, daß da die Verdauungsorgane in ihren Windungen sich symbolisieren oder daß die Blutadern im Kopfe drinnen sich symbolisieren. Man muß in diese Geheimnisse eindringen. Also man kann nur eine Vorstellung bekommen von diesem Subtilen, Intimen, das sich in der Seele einstellen muß, wenn man durch die Initiationswissenschaft geistige Forschung anstellt, wenn man das alles wirklich auch im intimsten Sinne berücksichtigt.» *(GA 243, S. 119/120)*

Die erste Stufe des geistigen Erkennens ist die imaginative Erkenntnis, die ihre Wahrnehmungen in der geistigen Welt in Sinnbildern (imagines) ausdrücken muß, was der Traum auch, aber unbewußt, tut. Die Verwandtschaft dieser beiden vom Bewußtsein her verschiedenen Tätigkeiten soll im Folgenden noch einmal erkenntnismäßig vertieft werden.

«Man weiß ... [als Geistesforscher], daß die Sinnbilder nicht die Wirklichkeit sind, aber man weiß, daß man durch die Sinnbilder die Wirklichkeit zum Ausdruck bringt. Diese Sinnbilder müssen natürlich nach den sich aus der geistigen Welt ergebenden wahren Gesetzen geformt sein, sie dürfen nicht durch willkürliche Phantasie entstehen. Der Geistesforscher lernt erkennen, wie man – abgesehen von der physisch-sinnlichen Welt – Vorstellungen aneinanderbindet, lernt erkennen, wie man Sinnbilder schafft. Diese erste Stufe des Erkennens der geistigen Welt kann man dann vergleichen mit der unbewußten Tätigkeit, die in den Traumhandlungen vollzogen wird. ...

Wer wirklich weiterkommt in der Erkenntnis der geistigen Welt, der erlebt nach und nach, daß sich auch seine Träume umgestalten. Sie werden regelmäßiger und regelmäßiger, aus den verworrenen Dingen ... werden allmählich Dinge, welche sinnvoll etwas zum Ausdruck bringen, das ganze Traumleben wird sinnvoll durchsetzt. So lernt der Geistesforscher die eigentümliche Artverwandtschaft kennen zwischen dem Traumleben und dem Leben, das er zum Behuf der Geistesforschung suchen muß. Dadurch kommt er in die Lage, wirklich sagen zu können, was eigentlich von der Seele träumt, was in Wirklichkeit träumend ist. Denn er lernt noch etwas erkennen zu dem, was ich eben angeführt habe, nämlich wie jene Seelenverfassung ist, in der man sich befindet, während man imaginative Vorstellungen hat. Man weiß, man steht da mit der Seele in der geistigen Welt drinnen. Wenn man diese Seelenverfassung, diese besondere Stimmung des Seelenlebens kennt, kann man auch diese Stimmung, diese Verfassung vergleichen mit dem, wie die Seele im Traume gestimmt ist, wie die Seele im Traume in einer bestimmtem Verfassung lebt. Aus dieser gewissenhaften Vergleichung stellt sich in der Tat heraus, daß dasjenige, was in der Seele träumt, was wirklich in der Seele tätig ist, während der Mensch die chaotischen Traumhandlungen abspielen läßt, der geistige, ewige Wesenskern des Menschen ist. Der Mensch ist als Träumender in der Welt, der er als geistig-seelisches Wesen angehört.» *(GA 67, S. 234/235)*

## DER TRAUM ALS UNBEWUSSTES SCHAUEN DES ÄTHERISCHEN

«Wenn Sie einen Traum haben und an den Traum sich erinnern, so ist Ihnen, wenn eine möglichst deutliche Erinnerung an den Traum stattfindet, wie das ja in zahlreichen Fällen vorkommt, wohl ohne weiteres klar, daß Sie, während der Traum abfließt, gleichsam Beobachter sind, aber ohne daß Sie während dieser

Beobachtung ein deutliches Ich-Bewußtsein haben von den Bildern, die webend an der Seele vorüberziehen. Wie gesagt, immer muß die Voraussetzung gemacht werden, daß im Traume das Ich-Bewußtsein nicht so deutlich auftritt wie im Wachbewußtsein. Diese Bilder, die webend an der Seele vorüberziehen, stellen dar Szenen, Bilderfolgen, welche dem Träumenden entweder gut bekannt sind, indem sie an Erlebnisse früherer Tage oder der letzten Zeit anknüpfen, oder die wohl auch solche Erlebnisse in der mannigfaltigsten Weise verändern, sie in ihren Formen so stark verändern, daß ein bestimmtes Erlebnis nicht wiedererkannt wird, und man etwas völlig anderes zu träumen glaubt. Auch das kommt vor, daß man Träume hat, die nicht an Erlebnisse anknüpfen, die also gleichsam etwas völlig Neues vorstellen gegenüber den Erlebnissen, die man durchgemacht hat. Aber jedesmal wird man die Empfindung haben: Eine Art lebender, webender Bilder seien an der Seele vorbeigezogen, haben sich der Seele geoffenbart. – Und an diese Erlebnisse wird man sich nach dem Aufwachen erinnern. Es wird Träume geben, die man länger im Gedächtnis behält, und es wird solche Träume geben, die dadurch, daß man wieder an die Erlebnisse des Tages herantritt, wie ausgelöscht sind.» *(GA 154, S. 9)*

'Während wir im Wachzustand wissen, daß die Wahrnehmungen, die wir in der physischen Welt machen, der physischen Welt mit ihrer materiellen Substanz und ihren jeweiligen Vorgängen angehören, entsteht bei den erlebten Traumbildern die Frage: In welcher Substanz, gleichsam in welchem Stoff, nehmen wir wahr, indem die Traumbilder vor uns ablaufen?' «Es ist dasjenige, was wir die Ätherwelt nennen, der sich in der ganzen Welt ausdehnende Äther mit seinen inneren Vorgängen, mit alledem, was in ihm lebt. Das ist gleichsam das Substantielle, in dem wir wahrnehmen, wenn wir träumen. In der Regel aber nehmen wir wahr, indem wir träumen, nur einen ganz bestimmten Teil der Ätherwelt. Wie uns ja die ätherische Welt im Wachzustande, wenn wir physisch wahrnehmen, verschlossen ist im gewöhnlichen Leben, wie der Äther um uns herum ist, ohne daß wir ihn durch unsere physischen Sinne wahrnehmen, so bleibt auch für das gewöhnliche Träumen der Äther, der um uns herum ist, unwahrnehmbar. Nur dasjenige Stück der Ätherwelt tritt gleichsam vor uns auf, wenn wir träumen, was unser eigener Ätherleib ist. Wir sind ja, wenn wir schlafen, außerhalb unseres physischen Leibes und unseres Ätherleibes. Und darin besteht nun der gewöhnliche Traum, daß wir ... mit dem astralischen Leib und dem Ich gleichsam auf das zurückschauen, woraus wir im Schlafe herausgestiegen sind, aber daß uns bei diesem Anschauen unser selbst nicht der physische Leib zum Bewußtsein kommt, wir uns daher auch nicht der physischen Sinne bedienen, sondern daß wir gleichsam zurückschauen, mit Außerachtlassung unseres physischen Leibes, nur auf unseren Ätherleib. Es sind also im Grunde genommen die Vorgänge unseres Ätherleibes, die an irgendeiner Stelle ihren Schleier lüften und die uns als Traum erscheinen. Die meisten Träume sind eben durchaus so, daß der Mensch in der Tat aus dem Schlafe auf seinen eigenen Ätherleib schaut, und daß ihm ein Stück der ungemein komplizierten Vorgänge des eigenen Ätherleibes zum Bewußtsein kommt, und daß dies den Traum ausmacht.

Dieser unser eigener Ätherleib, der also ein Stück von uns selbst ist, ist etwas außerordentlich Kompliziertes. In ihm sind zum Beispiel enthalten, immer gegenwärtig enthalten, alle Erinnerungen. Auch dasjenige, was tief hinuntergestiegen ist in die Untergründe der Seele, was im gewöhnlichen Tagesbewußtsein nicht in unser Bewußtsein kommt, im Ätherleibe ist es in irgendeiner Weise immer enthalten. Unser ganzes bisheriges Leben in unserer diesmaligen Inkarnation ist im Ätherleibe enthalten, ist wirklich dadrinnen. Selbstverständlich muß zugegeben werden, daß es außerordentlich schwierig ist, das vorzustellen. Aber es ist trotzdem so. Denken Sie sich einmal, Sie würden zum Beispiel den ganzen Tag über reden – manche Leute tun ja das –, und alles, was Sie reden, würde sich durch irgendeinen Mechanismus in eine Phonographenplatte einschreiben. Wenn Sie so viel geredet haben, daß die Phonographenplatte voll ist, legen Sie dieselbe beiseite, nehmen eine zweite, wenn diese voll ist, eine dritte und so weiter.

Sie nehmen also mehr oder weniger solcher Platten, je nachdem Sie mehr oder weniger reden. Ein anderer, nehmen wir an, würde nun eine jede Platte in einen Phonographen hineinlegen, und am Abend würden alle Platten hübsch darinnen sein. Alles, was Sie während des Tages geredet haben, würde am Abend in dem Phonographen sein. Würde nun jemand in der Lage sein, das Gesprochene aus dem Phonographen abrollen zu lassen, dann würde alles herauskommen, was Sie tagsüber geredet haben. So steckt alles, was unsere Erinnerungen sind, immer im Ätherleibe gegenwärtig darinnen. Und nehmen wir an, durch die besonderen Verhältnisse des Schlafes würde – halten wir den Vergleich fest – ein Teil der Bestandteile des Ätherleibes so vor unsere Seele hintreten, wie wenn man einen Teil der Phonographenplatten herausnehmen und abrollen lassen würde, so würde das dann der Traum sein, diejenigen Träume, die am weitaus häufigsten sind. Also wir weben mit unserem Bewußtsein während in unserem eigenen Ätherleib.» *(GA 154, S. 10/11)*

'Im gewöhnlichen Bewußtsein dagegen haben wir zunächst nicht die Fähigkeit, in der äußeren Äthersubstanz wahrzunehmen. Nur' «durch das Träumen wird der Mensch gleichsam bekanntgemacht mit einer auf ihn selbst angewiesenen Wahrnehmung des Ätherischen».

'Aber durch bestimmte Übungen seelischer Art kann er dahin kommen, in der äußeren Ätherwelt bewußt wahrzunehmen. Er muß nur stärkere Kräfte entwickeln, als er sie im gewöhnlichen Leben zur Verfügung hat.' *(s. GA 154, S. 12)*

## DAS BEWUSSTE ÜBERSINNLICHE WAHRNEHMEN DER ÄTHERISCHEN WELT

'Nun hängt das wirkliche Wahrnehmen in der uns umgebenden Ätherwelt von etwas ganz Bestimmtem ab. Wenn der Mensch sich so entwickelt, daß bei ihm hellseherisch die Imaginationen auftreten – denn das heißt auch: er nimmt wahr in der ihn umgebenden Ätherwelt –, so muß er eine stärkere innere Seelenkraft haben, als er im gewöhnlichen Leben hat. Wir nehmen nämlich deshalb nicht im gewöhnlichen Bewußtsein in der uns umgebenden ätherischen Welt wahr, weil unsere Seelenkraft dazu zu gering ist. Wir müssen uns daher viel aktiver, tätiger machen, als wir es für das gewöhnliche Leben brauchen, um in der Ätherwelt wahrnehmen zu können. Ohne diese größere Seelenkraft sind wir in der ätherischen Welt gleichsam ohne Sinnesorgane. Wenn man sich eine Vorstellung machen will von der Art, nachdem die Seele die Fähigkeit erlangt hat, die Kräfte der Imagination zu entfalten, so kann man sich vorstellen, wie diese Fähigkeit sein muß, wenn man zunächst einen Vergleich wählt. Dieser Vergleich kann vom Schreiben genommen werden. Wenn Sie etwas aufschreiben, dann bedeutet das doch etwas, was Sie aufschreiben. Sie haben zum Beispiel eine Brücke gesehen und schreiben Ihrem Freunde in der Ferne davon. Sie müssen in Ihrem Briefe das Wort, das Zeichen «Brücke» aufschreiben, um das in der Realität Gesehene mitteilen zu können. Der Freund entziffert das Zeichen und weiß dann, welche Tatsache Sie ihm mitgeteilt haben. Sie müssen also tätig werden und das Zeichen bewußt hinsetzen, damit Sie dadurch Objektives mitteilen können. Und geradeso wie Sie eine objektive Tatsache bezeichnen, wenn Sie schreiben, indem Sie dabei die Zeichen erst hinsetzen, so ist es beim imaginativen Sehen in der imaginativen Welt. Sie müssen tätig sein. Sie müssen das erst hinsetzen, was Ihnen Zeichen ist für die objektiven Vorgänge der geistigen Welt, und Sie müssen ein Bewußtsein haben, daß Sie das hinsetzen. Und daß Sie es hinsetzen, hängt davon ab, daß Sie die nötige Kraft haben, lebendig in der geistigen Wirklichkeit drinnenzustecken – so wie Sie im gewöhnlichen Leben in der sinnlichen Welt drinnenstecken und hier die verschiedenen Gegenstände wie zum Beispiel Schrank und Haus genau unterscheiden und exakt bezeichnen können –, so daß diese geistige Welt Sie anregt, Wahres und nicht Falsches hinzusetzen. Aber die Tatsache ist, daß man weiß: man setzt die Zeichen hin.

Ich will das noch auf eine andere Weise zu charakterisieren versuchen. Gehen wir zum Traum zurück. Wenn man im gewöhnlichen Leben träumt, so hat man die Empfindung, die Traumbilder «weben», spielen sich so ab. Denken Sie, was Sie vorstellen müssen von diesen Träumen: Die Traumbilder schweben so vor meiner Seele vorbei. – Denken Sie nun, Sie hätten nicht diese Vorstellung, sondern die andere: Sie setzten selber die Traumbilder in den Raum und in die Zeit hinein, wie Sie die Buchstaben auf das Papier setzen. Diese Vorstellung hat man beim gewöhnlichen Träumen nicht. Man muß aber diese Vorstellung, dieses Bewußtsein beim imaginativen Denken haben. Da muß man das Bewußtsein haben: Du bist die waltende Macht, die die Bilder setzt, wie man beim gewöhnlichen Schreiben die Zeichen, die Worte und Sätze auf das Papier bringt. Du bist die waltende Macht, du machst es selbst. Nur die übersinnliche Wahrnehmungskraft, die hinter dir ist, wie es beim Schreiben die sinnliche ist, ist die, welche macht, daß es wahr ist, was du aufschreibst. Du schreibst etwas Gesehenes auf, das für sich selbst eine Offenbarung der Welt ist. – Diesen großen Unterschied zwischen Traum und Imagination muß man sich klarmachen, der darin besteht, daß man bei der Imagination überall das Bewußtsein hat: man ist sozusagen der okkulte Schreiber. Was man sieht, das wird aufgezeichnet als eine okkulte Schrift.

Man schreibt das hin in die Welt, was einem ein Ausdruck, eine Offenbarung der Welt ist. Sie könnten natürlich sagen: Dann brauchte man das nicht aufzuschreiben, denn das weiß man ja vorher. Warum soll man es aufschreiben? – Das ist aber nicht wahr. Denn der, der dann schreibt, ist man nicht selber, sondern das ist die Wesenheit der nächststehenden höheren Hierarchie. Man gibt sich dieser Wesenheit hin, und das ist die Kraft, die in einem waltet. Man schreibt ganz in einem inneren Seelenvorgang das auf, was durch einen waltet. Und indem man es dann anschaut, dieses Geschriebene in der okkulten Schrift, offenbart sich einem das, was zum Ausdruck kommen soll.

Die Seelenkraft, die nötig ist, um in den geistigen Raum und in die geistige Zeit die okkulten Schriftzeichen hineinzuschreiben, ist eine stärkere, kräftigere, gewaltigere Seelenkraft, muß stärker, kräftiger, gewaltiger sein als die Seelenkraft, die wir im gewöhnlichen Leben zum Wahrnehmen anwenden. Wer sich das imaginative Hellsehen aneignen will, bildet durch seine Meditationen diese Kraft aus, er erlangt sie allmählich, und er erlebt dadurch eine Welt, von der das Träumen ein schwacher Abglanz ist. Aber er lebt in dieser Welt so, daß er mit seinem schauenden Erleben so umgeht, so waltet, wie wenn man einen Tisch oder Schuh macht, wobei man auch Stück für Stück zusammenfügt und so weiter.' (s. *GA 154, S. 12–15*)

«Wenn so viele Menschen immer wieder und wieder damit kommen, daß sie sagen: Nun bemühe ich mich ja mit allem möglichen Meditieren. Ich komme aber gar nicht dahin, hellseherisch zu werden –, so beruht das auf der einfachen Tatsache, daß die Menschen das gar nicht wollen, was ich jetzt auseinandergesetzt habe, daß sie froh sind, wenn sie es nicht brauchen. Sie *wollen* nicht innerlich aktive Seelenkraft entwickeln, sondern sie wollen Hellseher werden, ohne daß sie sich eine stärkere Seelenkraft aneignen müssen. Sie wollen, daß das Tableau, das durch ihre Hellsichtigkeit vor ihnen auftritt, sich ganz von selber vor ihnen aufrichtet. Dann aber ist es gar nichts weiter als Halluzination oder Traum. Ein Stück Ätherwelt – wenn ich mich jetzt drastisch ausdrücken will –, das man sich nehmen kann von einem Orte, mit den ätherischen Fühlhörnern ergreifen und an eine andere Stelle setzen kann, ein solches Stück Ätherwelt ist nun der Traum. Das gehört gar nicht in das wirkliche Hellsehen hinein. In dem Erleben des wirklichen Hellsehens fühlt man sich gerade so darinnen, wie man sich fühlt, wenn man in der physischen Welt auf dem Papier schreibt, nur daß man, wenn man in der physischen Welt auf dem Papier schreiben will, erst wissen muß, was man aufschreiben will, ... währenddem man beim geistigen Wahrnehmen die Wesenheiten der geistigen Hierarchien schreiben läßt, und einem erst, indem man es tätig hinschreibt, das erscheint, was wahrgenommen werden soll. Aber ohne an jedem Atom dessen, was man schaut, selber tätigen Anteil zu haben, selber tätig dabei zu sein, kommt kein wirkliches Hellsehen zustande.» *(GA 154, S. 15/16)*

## DAS OFFENBARWERDEN DES ASTRALISCHEN IM TRAUM, VERGLICHEN MIT DEM HÖHEREN WAHRNEHMEN

Es gibt noch eine Art von Träumen, die einen ganz anderen Charakter haben als die im vorhergehenden Abschnitt beschriebenen, die aber auch nur dann richtig beurteilt werden können, wenn man sie mit dem bewußten höheren Wahrnehmen vergleicht.

«Aus der Sphäre der Träume kann man eine Art der Träume herausheben, die eigentlich auch jeder kennt, denn einen Traum, der so geartet ist wie die jetzt zu beschreibenden, wird jeder schon gehabt haben. Es ist jene Art von Träumen, wo wir im Traume uns in einer gewissen Weise selbst gegenüberstehen. ... Nicht nur, daß wir uns, wie es auch vorkommt, selber wirklich sehen, denn das kann auch eintreten, sondern es kann auch etwas anderes eintreten. Bekannt ist ja der Traum, wie der Schuljunge träumt, daß er in der Schule sitzt, wie eine Rechenaufgabe gegeben wird, und wie er sie so gar nicht lösen kann. Da kommt ein anderer und löst sie spielend. Das träumt er wirklich. Nun werden Sie ja einsehen, daß er es selber war, der sich entgegengetreten ist und die Aufgabe löste. Man tritt sich also auch so gegenüber, erkennt sich aber nicht. Darauf kommt es aber nicht an. In einem solchen Falle spaltet sich gleichsam das Ich des Menschen. Es wäre ja ganz nett, wenn das auch in der physischen Welt so sein könnte, daß einem dann, wenn man irgend etwas nicht weiß, das andere Ich gegenübertritt, und man wüßte dann die betreffende Sache vorzüglich. Aber im Traume tritt das auf. Da hat der Traum einen ganz anderen Charakter, als bei den zuerst charakterisierten. Man ist ja im Traume außerhalb seines physischen Leibes und Ätherleibes, ist in seinem

Astralleib und Ich. Während die früher charakterisierten Träume darauf beruhen, daß man das Wesen des eigenen Ätherleibes gelüftet bekommt, beruhen die Träume, in denen man sich selbst gegenübertritt, darauf, daß der eigene Astralleib, den man mitgenommen hat, ein Stück von sich zeigt, daß er einem durch dieses Stück entgegentritt. Es ist ein Stück Selbstwahrnehmung außerhalb des physischen Leibes. Während man im gewöhnlichen Leben den Astralleib nicht wahrnimmt, kann es im Schlafe durchaus eintreten, daß man ein Stück seines Astralleibes wahrnimmt, und im Astralleib sind gar manche Dinge drinnen, die durchaus nicht im gewöhnlichen Wachzustande von uns gewußt werden. Ich habe vorhin darauf aufmerksam gemacht, ... was im Ätherleibe enthalten ist. Es ist jedenfalls alles darinnen, was wir erlebt haben. Im Astralleibe ist aber sogar das darinnen, was wir nicht erlebt haben. Der Astralleib ist nämlich ein recht kompliziertes Gebilde. Er ist gewissermaßen aus den geistigen Welten hereinorganisiert und enthält nicht nur die Dinge, die wir schon jetzt in uns haben, sondern auch die, welche wir noch einmal lernen werden! Die sind schon veranlagt, sind schon in einer gewissen Weise in ihm darinnen. Dieser Astralleib ist viel gescheiter als wir. Deshalb kann er auch, wenn er uns im Traume etwas von sich offenbar werden läßt, uns selber in einer Form uns entgegentreten lassen, in der wir gescheiter sind, als wir durch das physische Leben geworden sind. ... Denn dieser Astralleib enthält zum Beispiel – Sie mögen es glauben oder nicht – die ganze Mathematik, nicht nur die jetzt bekannte, sondern auch alles in der Mathematik, was noch einmal entdeckt werden wird. Wollte man allerdings die ganze Mathematik daraus herauslesen, bewußt herauslesen, so müßte man es tätig tun, müßte sich erst die entsprechend erstarkten Fähigkeiten dazu aneignen; aber enthalten ist wirklich alles darin. Also es ist die Offenbarung wie aus einem Stücke unseres Astralleibes heraus, wenn wir uns selbst gegenübertreten. Und auf diesen Offenbarungen des Astralleibes beruht wirklich auch vieles, was wie innere Eingebungen über uns kommt. ...

So kann auch durch besondere Verhältnisse unserer Organisation das in uns sprechend werden, was gescheiter ist als wir selber. Dann können wir innere Eingebungen haben, dann kann etwas in uns auftreten, was nicht auftreten würde, wenn wir bloß unsere gewöhnliche Urteilskraft anwenden würden im gewöhnlichen physischen Leibe. Aber es ist gefährlich, solche Dinge auftreten zu lassen, sich solchen Dingen hinzugeben. Es ist gefährlich aus dem Grunde, weil solche Dinge kommen und wir sie nicht bewältigen können, solange wir ihnen nicht urteilend beikommen. ...

Wenn also der Mensch seine inneren Kräfte erstarkt, dann lernt er auch so innerlich zu leben, daß er im astralischen Leibe hellsichtig wird. Aber Sie werden jetzt aus dem, was ich gesagt habe – ich habe darum den Traum herangezogen –, ersehen, daß es zu diesem Hellsichtigwerden im astralischen Leibe notwendig ist, daß man gewissermaßen immer eine deutliche Vorstellung hat von dem Sich-Gegenüberstellen der eigenen Wesenheit, [die – wie im Traum – gescheiter ist als unsere physische Wesenheit]. So wie man im physischen Leben nicht gesund lebt, wenn man nicht voll bei seinem Bewußtsein ist, so lebt man gegenüber der Welt, die höher ist als die physische Welt, seelisch nicht gesund, wenn man *sich* nicht immer sieht. In der physischen Welt *ist* man selber, [man hat durch sich sein Selbstbewußtsein] in der höheren geistigen Welt ist man so zu sich, wie man in der physischen Welt zu einem Gedanken ist, der ein vergangenes Erlebnis darstellt. Einen solchen Gedanken, der ein vergangenes Erlebnis darstellt, schaut man innerlich an. Man verhält sich zu ihm wie zu einer Erinnerung. Wie man in der Sinneswelt sich zu einem Gedanken verhält, so weiß man in der geistigen Welt, daß man auf *sich* hinschaut, *sich* anschaut. Man muß immer *sich* dabei haben bei den Dingen, die man in der geistigen Welt erlebt. Und das ist im Grunde genommen die eine einzige Vorstellung, die sich in den Dingen hineinstellt – über die man zunächst nicht die Macht hat, ... und die auch für die geistige Welt gilt, so daß man die Dinge meistert, daß man die waltende Macht ist. Wie der Schwerpunkt, um den sich alles gruppiert, ist die eigene Wesenheit. Wie man in der geistigen Welt hantiert, das merkt man an der eigenen Wesenheit. Man merkt: So ist man in der geistigen Welt. – Nehmen wir an, man ist in der geistigen Welt darinnen und man nimmt etwas Unrichtiges wahr, das heißt, man hantiert durch die okkulte Schrift unrichtig. Ja, wenn man durch die okkulte Schrift unrichtig hantiert und sich als den Schwerpunkt wahrnimmt, um den sich alles herumgruppiert, dann erlebt man an seiner eigenen Wesenheit: *So schaust du aus, denn du hast etwas unrichtig gemacht; jetzt mußt du das verbessern!* – Man merkt an der Art und Weise, wie man wird, was man gemacht hat. Wenn ich es vergleichsweise darstellen will, so möchte ich sagen: Sie seien hier in der physischen Welt, aber Sie seien nicht in sich, sondern um sich herum, und Sie sagen zu jemandem: Jetzt ist es halb zwölf – aber das ist nicht wahr. Und in dem Augenblick schauen Sie sich an, wie Sie sich die Zunge entgegenstrecken und sagen jetzt: Das bist du ja nicht! – Und nun fangen Sie an, an sich auszubessern, bis es richtig ist, und bis Sie sagen: Es ist zwanzig Minuten nach neun! – Dann geht die Zunge wieder zurück. So schauen Sie sich an, ob Sie sich richtig in der geistigen Welt verhalten.

Das sind die Dinge, die vielleicht sich durch solche grotesken Bilder charakterisieren lassen, von denen aber jeder fühlen wird, sie sind viel ernster gemeint, als alles gemeint sein kann, was für die physische Welt gesprochen werden kann. Das ist es ja gerade, daß wir uns mit der Denkkraft, die wir schon für die physische Welt haben, zunächst ein Verständnis für die übersinnlichen Welten aneignen.» *(GA 154, S. 20–24)*

Um hellsichtig zu werden, dazu «gehört etwas ganz anderes, als nur die Dinge an sich herankommen zu lassen. Dazu gehört ein Dabeisein jeden Augenblick, ein Sich-in-der-Hand-Haben und ein Sich-beobachten-Können, sobald man in die geistige Welt hinaufkommt. ... Bequemer ist es, so etwas an sich herankommen zu lassen, was wie ein Traum an den Menschen herankommt, was auf und ab flutet. Man möchte genau so die geistige Welt erleben, wie man die physisch-sinnliche Welt erlebt. ... [Aber] das wirkliche

Hellsehen [ist] eine aktive Betätigung der Seele, ... die sich vergleichen läßt mit dem Schreiben.» *(GA 154, S. 26/27)*

## «VON DEM ERKENNEN DER GEISTIGEN WELT»

Rudolf Steiners Schrift «Die Schwelle der geistigen Welt» (GA 17), der auch die Überschrift unseres Abschnittes entnommen ist, soll uns nun zu der Einsicht verhelfen, wie der Traum und das erste Auftreten des Hellsehens miteinander verwandt sind.

«Die Einsicht in die Ergebnisse der Geisteswissenschaft wird erleichtert, wenn man im gewöhnlichen Seelenleben dasjenige ins Auge faßt, was Begriffe gibt, die sich so erweitern und umbilden lassen, daß sie allmählich an die Vorgänge und Wesenheiten der geistigen Welt heranreichen. Wählt man nicht mit Geduld diesen Weg, so wird man leicht versucht sein, die geistige Welt viel zu ähnlich der physischen oder sinnlichen vorzustellen. Ja, man wird ohne diesen Weg nicht einmal dies zustande bringen, eine zutreffende Vorstellung von dem Geistigen selbst und seinen Verhältnissen zum Menschen sich zu bilden.

Die geistigen Ereignisse und Wesenheiten dringen an den Menschen heran, wenn er seine Seele dazu bereitet hat, sie wahrzunehmen. Die Art, wie sie herandringen, ist durchaus verschieden von dem Auftreten physischer Tatsachen und Wesenheiten. Man kann aber eine Vorstellung von diesem ganz andersartigen Auftreten gewinnen, wenn man den Vorgang der Erinnerung sich vor die Seele stellt. – Man hat vor mehr oder weniger langer Zeit etwas erlebt. Es taucht in einem bestimmten Augenblicke – durch diesen oder jenen Anlaß – aus dem Untergrunde des Seelen-Erlebens herauf. Man weiß, daß das so Aufgetauchte einem Erlebnis entspricht; und man bezieht es auf dieses Erlebnis. In dem Augenblick der Erinnerung hat man aber *gegenwärtig* von dem Erlebnis nichts anderes als das Erinnerungsbild. – Man denke sich nun in der Seele auftauchend ein Bild in solcher Art, wie ein Erinnerungsbild ist, doch so, daß dies Bild nicht etwas vorher Erlebtes, sondern etwas der Seele Fremdes ausdrückt. Man hat sich damit eine Vorstellung davon gebildet, wie in der Seele die geistige Welt zunächst auftritt, wenn diese Seele genügend dazu vorbereitet ist.

Weil dies so ist, wird derjenige, welcher mit den Verhältnissen der geistigen Welt nicht genügend vertraut ist, stets mit dem Einwand herantreten, daß alle ‹vermeintlichen› geistigen Erlebnisse nichts weiter seien als mehr oder weniger undeutliche Erinnerungsbilder, welche die Seele nur nicht als solche erkennt und sie daher für Offenbarungen einer geistigen Welt halten kann. Nun soll durchaus nicht geleugnet werden, daß die Unterscheidung von Illusionen und Wirklichkeiten auf diesem Gebiete eine schwierige ist. Viele Menschen, welche glauben, Wahrnehmungen aus einer übersinnlichen Welt zu haben, sind ja gewiß nur mit ihren Erinnerungsbildern beschäftigt, die sie nur nicht als solche erkennen. Um hier ganz klar zu sehen, muß man von vielem unterrichtet sein, was Quell von Illusionen werden kann. Man braucht zum Beispiel etwas nur einmal flüchtig gesehen zu haben, so flüchtig, daß der Eindruck gar nicht in das Bewußtsein voll eingedrungen ist; und es kann später – vielleicht sogar ganz verändert – als lebhaftes Bild auftreten. Man wird versichern, daß man mit der Sache niemals etwas zu tun gehabt habe, daß man eine wirkliche Eingebung habe.

Dies und vieles andere läßt durchaus begreiflich erscheinen, daß die Angaben des übersinnlichen Schauens denjenigen höchst fragwürdig erscheinen, welche mit der Eigenart der Geisteswissenschaft nicht vertraut sind. – Wer sorgfältig alles beachtet, was in meiner Schrift ‹Wie erlangt man Erkenntnisse der höheren Welten?› über die Heranbildung des geistigen Schauens gesagt ist, der wird wohl in die Möglichkeit versetzt, auf diesem Gebiete Illusion und Wahrheit zu unterscheiden.

Es darf aber in bezug darauf auch noch das folgende gesagt werden. Die geistigen Erlebnisse treten zunächst allerdings als Bilder auf. Sie steigen aus den Untergründen der dazu vorbereiteten Seele als solche Bilder herauf. Es kommt nun darauf an, zu diesen Bildern das richtige Verhältnis zu gewinnen. Sie haben Wert für die übersinnliche Wahrnehmung erst dann, wenn sie durch die ganze Art, wie sie sich geben, gar nicht an und für sich selbst genommen sein wollen. Sobald sie so genommen werden, sind sie kaum mehr wert als gewöhnliche Träume. Sie müssen sich so ankündigen wie Buchstaben, die man vor sich hat. Man faßt nicht die Form dieser Buchstaben ins Auge, sondern man liest in den Buchstaben dasjenige, was durch sie ausgedrückt wird. Wie etwas Geschriebenes nicht dazu auffordert, die Buchstabenformen zu beschreiben, so fordern die Bilder, die den Inhalt des übersinnlichen Schauens bilden, nicht dazu auf, sie als solche aufzufassen; sondern sie führen durch sich selbst die Notwendigkeit herbei, von ihrer Bildwesenheit ganz abzusehen und die Seele auf dasjenige hinzulenken, was durch sie als übersinnlicher Vorgang oder Wesenheit zum Ausdruck gelangt.

So wenig jemand den Einwand machen kann, daß ein Brief, durch den man etwas vorher völlig Unbekanntes erfährt, sich doch nur aus den längst bekannten Buchstaben zusammensetzt, so wenig kann den Bildern des übersinnlichen Bewußtseins gegenüber gesagt werden, daß sie doch nur dasjenige enthalten, was dem gewöhnlichen Leben entlehnt ist. – Dies ist gewiß bis zu einem gewissen Grade richtig. Doch kommt es dem wirklichen übersinnlichen Bewußtsein nicht auf das an, was so dem gewöhnlichen Leben entlehnt ist, sondern darauf, was in den Bildern sich ausdrückt.

Zunächst muß sich die Seele allerdings bereitmachen, solche Bilder im geistigen Blickekreis auftreten zu sehen; dazu aber muß sie auch sorgfältig das Gefühl ausbilden, bei diesen Bildern nicht stehen zu bleiben, sondern sie in der rechten Art auf die übersinnliche Welt zu beziehen. Man kann durchaus sagen, zur wahren übersinnlichen Anschauung gehört nicht nur die Fähigkeit, in sich eine Bilderwelt zu erschauen, sondern noch eine andere, welche sich mit dem *Lesen* in der sinnlichen Welt vergleichen läßt.

Die übersinnliche Welt ist zunächst als etwas ganz außer dem gewöhnlichen Bewußtsein Liegendes vorzustellen. Dieses Bewußtsein hat gar nichts, wodurch es an diese Welt herandringen kann. Durch die in der Meditation verstärkten Kräfte des Seelenlebens wird zuerst eine *Berührung* der Seele mit der übersinnlichen Welt geschaffen. Dadurch tauchen aus den Fluten des Seelenlebens die gekennzeichneten Bilder herauf. [So wie sie im Traum unbewußt auftauchen.] Diese sind als solche ein Tableau, das eigentlich ganz von der Seele selbst gewoben wird. Und zwar wird es gewoben aus den Kräften, welche sich die Seele in der sinnlichen Welt erworben hat. Es enthält als Bildgewebe wirklich nichts anderes, als was sich mit Erinnerung vergleichen läßt. – Je mehr man sich für das Verständnis des hellsichtigen Bewußtseins dieses klar macht, desto besser ist es. Man wird sich dann über die Bildnatur keiner Illusion hingeben. Und man wird dadurch auch ein rechtes Gefühl dafür ausbilden, in welcher Art man die Bilder auf die übersinnliche Welt zu beziehen hat. Man wird durch die Bilder in der übersinnlichen Welt *lesen* lernen. – Durch die Eindrücke der sinnlichen Welt steht man den Wesen und Vorgängen dieser Welt naturgemäß weit näher als durch die übersinnlich geschauten Bilder der übersinnlichen Welt. Man könnte sogar sagen, diese Bilder seien zunächst wie ein Vorhang, welchen sich die Seele vor die übersinnliche Welt hinstellt, wenn sie sich von derselben berührt fühlt.

Es kommt darauf an, daß man sich in die Art des Erlebens übersinnlicher Dinge allmählich hineinfindet. Im Erleben ergibt sich nach und nach die sachgemäße Deutung, das richtige Lesen. Für bedeutsamere übersinnliche Erlebnisse wird sich durch das Geschaute von selbst ergeben, daß man es mit keinen Erinnerungsbildern aus dem gewöhnlichen Erleben zu tun haben kann. ...

Nichts anderes aber soll hier behauptet werden, als daß *wahr* nur solche übersinnlichen Erkenntnisse sind, die in der Tätigkeit des Erkennens das, was aus den übersinnlichen Welten stammt, von dem unterscheiden können, was die eigene Vorstellung nur gebildet hat. Dieses Unterscheidungsvermögen wird aber im Einleben in die übersinnlichen Welten so angeeignet, daß man auf diesem Felde Wahrnehmung von Einbildung so sicher unterscheidet, wie man in der Sinnenwelt heißes Eisen, das man mit den Fingern anfaßt, unterscheidet von einem bloß eingebildeten heißen Eisen.» *(GA 17, S. 15–21)*

ERSTE ERFAHRUNGEN BEIM HELLSEHEN,
VERGLICHEN MIT DEM TRÄUMEN
ODER: TRÄUMEN VON VERSTORBENEN

Dieser Beitrag dürfte von großem Interesse für diejenigen Menschen sein, die von ihren verstorbenen Angehörigen träumen. Immer stellt sich dabei die Frage, wer sich eigentlich hinter diesen Bildern verbirgt. Eine große Hilfe kann es sein, wenn man von den Erkenntnisproblemen der *hellsichtigen Forschung* dabei hört – ausgehend von den Traumerfahrungen.

«Hellsichtige Forschung ist der Ausdruck einer anderen Verfassung des menschlichen Seelenlebens, als diejenige ist, die den Alltag beherrscht. Scheinbar führt sie uns zunächst fort von demjenigen, was uns als Menschen so naheliegt im alltäglichen Leben. In Wahrheit aber führt uns diese hellsichtige Forschung gerade in den Mittelpunkt des wahrhaft menschlichen Lebens. Nun möchte ich heute nicht sprechen über die Wege zur hellsichtigen Forschung, die schon angedeutet sind in dem Buche ‹Wie erlangt man Erkenntnisse der höheren Welten?›, sondern ich möchte sprechen über die Eigentümlichkeiten jener Seelenverfassung, jener Stimmung der Menschenseele, die unter dem Eindruck der hellsichtigen Forschung entstehen müssen. Festhalten müssen wir, daß ja in der Tat die Wege zur hellsichtigen Forschung dahin führen, daß der Mensch sich innerhalb ihrer wirklich als ein ganz anderes Wesen fühlt, als er sich sonst im Leben fühlt. Will man dasjenige, was um die Menschenseele herum ist, wenn diese Menschenseele hellsehend wird, mit einer Erscheinung des gewöhnlichen Lebens vergleichen, so kann man es höchstens mit den Erscheinungen des

Traumes, die aber wie ein Surrogat des Hellsehens sind. Wir erinnern uns, daß wir im Traume leben und weben in einer Bilderwelt, welche sich so darstellt, daß darin, wenn wir sie genau betrachten, uns nichts erscheinen kann von dem, was wir nennen ‹das Berührungsgefühl mit einem äußeren Gegenstand›, und daß uns zunächst in dem gewöhnlichen Falle des Traumes nichts erscheint, was wir vergleichen können mit unserem gewöhnlichen Ich-Bewußtsein. Wenn uns im Traume doch etwas erscheint von unserem Ich, so erscheint es uns als von uns getrennt, wie ein äußeres Wesen. Wir treten unserem Ich wie einem anderen Wesen gegenüber, so daß man sprechen kann von einer Verdoppelung des Ich, wobei man aber im Traume nur das herausgetretene Ich wahrnimmt, nicht das subjektive Ich. Alles dasjenige, was zu widersprechen scheint dem eben Gesagten, rührt davon her, daß die meisten Menschen vom Traume nur aus der Erinnerung wissen und in der Erinnerung nicht genau festhalten können die Tatsache, daß im wirklichen Träumen das subjektive Ich ausgelöscht ist. [Siehe auch den Abschnitt «Entstehung des Traumbewußtseins», S. 18ff.]

Dieselben Eigenschaften, die dadurch entstehen, daß das Berührungsgefühl und das subjektive Ich ausgelöscht sind im Traum, dieselben Eigenschaften hat zunächst das Feld, das Bilderfeld der hellsichtigen Forschung. Wenn der Hellseher sich erinnert an die Erfahrungen des Hellsehens, so muß er das Gefühl haben in der Erinnerung, daß die Realitäten des Hellsehens durchlässig sind, daß man sie durchgreifen kann, nicht daß sie Widerstand leisten wie ein physischer Gegenstand. Und bezüglich des Ich-Gefühls: In der physischen Welt haben wir das Ich-Gefühl dadurch, daß wir wissen: Ich stehe da, der Gegenstand ist außer mir. – In dem Felde der hellsichtigen Beobachtung sind wir in dem Gegenstand drinnen, wir trennen uns nicht, wir scheiden uns nicht von den Gegenständen des hellsichtigen Feldes. Diese Eigentümlichkeit des hellsichtigen Feldes hat die ganz bestimmte Folge, daß die einzelnen Objekte nicht feststehen wie die abgegrenzten Gegenstände des physischen Feldes, sondern in fortwährender Bewegung und Verwandlung sind. Die Gegenstände des physischen Feldes sind dadurch fest, daß wir sie berühren können, daß sie uns Grenzen setzen. Solche Grenzen setzen uns die Objekte des hellsichtigen Feldes nicht. Dasjenige, welches bewirkt, daß unser Ich zusammenfließt mit den Objekten des hellsichtigen Feldes, das bewirkt nun, daß alles, was uns auf dem physischen Plan als ein Ich entgegentritt, das heißt der Mensch selbst, im hellsichtigen Felde, wenn er auftritt, uns außerordentliche Vorsicht der Beobachtung notwendig macht. Ich will den zunächst bedeutungsvollsten Fall ins Auge fassen, daß wir auf dem hellsichtigen Felde, durch die entwickelten hellsichtigen Fähigkeiten, einem verstorbenen Menschen gegenübertreten. Wenn wir einem verstorbenen Menschen entgegentreten, so kann dies so geschehen, daß uns zunächst, wie ein mit großer Lebhaftigkeit auftretendes Traumbild, die Gestalt des verstorbenen Menschen im hellsichtigen Felde entgegentritt, so wie wir ihn uns vorstellen oder vorzustellen haben, als er noch lebte. Dies ist aber nicht etwa der gewöhnliche Fall, sondern dies ist der äußerste Ausnahmefall.

Es kann der Fall eintreten, daß sich uns nähert im hellsichtigen Felde ein Toter, und daß dieser Tote irgendeine Gestalt annimmt eines Lebenden oder eines anderen Toten, die nicht seine Gestalt ist. Die Gestalt, in der uns ein Toter entgegentritt, ist zunächst überhaupt nicht maßgebend für die Identifikation des betreffenden Toten. Es kann der Fall vorkommen, daß ein Toter sich uns nähert und wir haben einen anderen Toten besonders lieb gehabt, oder wir stehen in einem besonders freundschaftlichen Verhältnis zu einem Lebenden; dann kann der Tote, der uns entgegentritt, die Gestalt dieses Toten oder des Lebenden annehmen. Von diesem Gesichtspunkte aus fehlen uns zunächst alle Mittel, durch welche wir auf dem physischen Plan die Identifikation eines Ich mit einer Gestalt erkennen. Dasjenige, was uns dann helfen kann, wirklich uns zurechtzufinden, das ist, zunächst vorauszusetzen, daß die Gestalt gar nicht maßgebend ist, sondern daß uns in dieser oder jener Gestalt eben irgendein Wesen erscheint, und dann darauf zu merken, was dieses Wesen tut, welche Handlungen es vollbringt. Und es wird sich, wenn wir in aller Ruhe uns dem Bilde hingeben, die Konsequenz zeigen, daß nach alledem, was wir wissen von der betreffenden Gestalt, diese Gestalt nicht so handeln kann, wie sie auf dem hellsichtigen Felde handelt. Ein Widerspruch zwischen der Gestalt und der Handlungsweise wird uns sehr häufig entgegentreten. Und wenn wir mit unserem Fühlen mitgehen mit der Handlungsweise, ganz unbeschadet des Eindrucks der Gestalt, dann taucht aus den Tiefen unserer Seele ein Gefühl herauf, welches uns die Spur weist zu dem Wesen, um das es sich eigentlich handelt. Halten wir fest, daß es ein aus den Tiefen der Seele heraufdringendes Gefühl ist, das uns leitet, denn das ist außerordentlich wichtig. Dasjenige, was uns auf dem hellsichtigen Felde als Gestalt erscheint, die etwa ähnlich sein könnte einer physischen Gestalt, das kann so unähnlich sein dem Wesen, das wirklich erscheint, wie die Zeichen, die auf dem Papier für das Wort ‹Haus› stehen, unähnlich sind dem wirklichen Haus. Aber ebenso wie wir, wenn wir auf dem Papier die Zeichen, die das Wort ‹Haus› zusammensetzen, sehen, wie wir dann nicht unsere Aufmerksamkeit auf die Zeichen richten und nicht beschreiben die Formen der Buchstaben, sondern über die Form der Buchstaben, dadurch daß wir lesen können, zu der Vorstellung der Form des Hauses kommen, so eignen wir uns beim wirklichen Weg zum Hellsehen die Möglichkeit an, von der Gestalt zu dem wirklichen Wesen hinzugehen. Aus diesem Grunde spricht man im wahren Sinne des Wortes vom Lesen der okkulten Schrift, das heißt, vom innerlich lebendigen Hinausgehen über dasjenige, was die Vision ist, zu dem, was die Vision ausdrückt, aber real ausdrückt, wie die Schrift ausdrückt die Realitäten.

Es ist nun natürlich, daß wir uns fragen müssen: Wodurch eignen wir uns diese Fähigkeit an des Hinausgehens über die Gestalt, über die unmittelbare Vision? Wir eignen uns diese Fähigkeit vor allem dadurch an, daß wir ins Auge fassen neue Vorstellungen, neue Begriffe, die wir brauchen, wenn wir das hellsichtige Feld verstehen wollen, neue Vorstellungen gegenüber den Vorstellungen, die wir für das physische Feld haben.» *(GA 154, S. 82–85)*

Es soll deshalb in den nächsten drei Abschnitten ausführlich dargestellt werden – Hinweise darauf gab es ja schon mehrere in der bisherigen Darstellung –, was denn mit der Seele und in der Seele geschieht, wenn sie nach und nach geisteswissenschaftliche Vorstellungen in sich aufnimmt oder den okkulten Erkenntnisweg betritt. Und es soll geschildert werden, wie dadurch unser Träumen zu einer übersinnlichen Wahrnehmungsfähigkeit fortentwickelt wird, die dann eine sichere Grundlage ist für das Erkennen der geistigen Welt.

## DIE ERWECKUNG DES TRAUMBEWUSSTSEINS ZUM ÜBERSINNLICHEN WAHRNEHMEN

### 1. ... durch Aufnahme geisteswissenschaftlicher Vorstellungen

Es ist so, daß «der Mensch heute im gegenwärtigen Entwicklungszyklus an die Geisteswissenschaft herankommen kann. Nun gibt es, ich weiß es, sehr viele, die an die Geisteswissenschaft herankommen und sagen: Jetzt befasse ich mich jahrelang mit der Geisteswissenschaft, sie bringt mich nicht vorwärts. Sie sagt mir, daß man das oder jenes durch die Geisteswissenschaft erlangen könne, aber sie bringt mich nicht vorwärts. – Ich habe es oft betont: dieser Gedanke ist kein richtiger. Geisteswissenschaft bringt, auch wenn sie nicht esoterisches Leben [also bewußtes Leben im Übersinnlichen] entfaltet, jeden Menschen vorwärts, denn die Gedanken der Geisteswissenschaft selbst sind vorwärtsbringend. Aber man muß achtgeben auf die subjektiven Erlebnisse, die sich in der Seele wirklich abspielen. Denn es ist das Eigentümliche, daß dasjenige, was neu auftritt bei jemandem, der in die Bahn der Geisteswissenschaft einmündet, sich zunächst gar nicht in bezug auf den Bildcharakter von der Traumeswelt unterscheidet. Dasjenige, was man erlebt, wenn man Geisteswissenschafter wird, sieht sehr ähnlich der übrigen Traumeswelt aus, aber bei feinerer Unterschei-

dung läßt sich doch ein gewaltiger Unterschied bemerken zwischen den gewöhnlichen Träumen und denjenigen Wahrnehmungen, die durch bewußt in Gedanken aufgenommenes geistiges Leben verlaufen. Auch bei den Traumesbildern, welche der Geisteswissenschafter in seiner Seele erlebt, mag manches chaotisch erscheinen. Analysiert man sie aber nach den Anleitungen, die man doch aus der Geisteswissenschaft gewinnen kann [siehe die vorhergehenden Kapitel], dann wird man finden, daß sie in der Tat immer treuere und treuere Abbilder, namentlich in ihrem Verlaufe Abbilder werden des inneren Erlebens des Menschen. Und man muß schon Rücksicht nehmen auf diese dem gewöhnlichen Verstande und dem gewöhnlichen Sinnesleben verborgene Schicht des Erlebens, das so verläuft wie ein Sinnen, wie ein sinnendes Träumen, und das doch sinnvoll ist, und das, wenn man es in der richtigen Weise ins Auge faßt, aufschlußgebend ist über geistige Geheimnisse. Man muß achtgeben, wie sich allmählich, ich möchte sagen, einnistet in das gewöhnliche Vorstellungsleben dieses Leben, das sehr ähnlich den Träumen aussieht, aber gerade durch seinen sinnvollen Verlauf, wenn man nicht auf die einzelnen Bilder schaut, sondern auf den sinnvollen Verlauf der Bilder, hineingeleitend ist in die geistige Welt. ... [Dieses Erleben] ist das Hereinragen der wirklichen übersinnlichen Erkenntnis. Diese übersinnliche Erkenntnis ist natürlich etwas, was der Mensch der heutigen Zeit und gegen die Zukunft hin ... anstreben muß. ...»
*(GA 273, S. 152–154)*

2. ... *durch Betreten des okkulten Schulungsweges*

'Ein Mensch, der (zum Beispiel nach den Angaben in dem Buche «Wie erlangt man Erkenntnisse der höheren Welten?») an seiner inneren Entwicklung arbeitet und eine wichtige Stufe – die Geburt seines höheren Selbst – erreicht hat oder doch bald erreichen wird, wird dies daran erkennen, daß sich in ganz bestimmter Weise seine Träume verändern.' *(s. GA 10, S. 159)*

«Vorher waren die Träume verworren und willkürlich. Nun fangen sie an, einen regelmäßigen Charakter anzunehmen. Ihre Bilder werden sinnvoll zusammenhängend wie die Vorstellungen des Alltagslebens. Man kann in ihnen Gesetz, Ursache und Wirkung erkennen. Und auch der Inhalt der Träume ändert sich. Während man vorher nur Nachklänge des täglichen Lebens, umgeformte Eindrücke der Umgebung oder der eigenen Körperzustände wahrnimmt, treten jetzt Bilder aus einer Welt auf, mit der man vorher unbekannt war. Zunächst bleibt allerdings der *allgemeine Charakter* des Traumlebens bestehen, insofern sich der Traum vom wachen Vorstellen dadurch unterscheidet, daß er *sinnbildlich* dasjenige gibt, was er ausdrücken will. Einem aufmerksamen Beurteiler des Traumlebens kann ja diese Sinnbildlichkeit nicht entgehen. ... Diese sinnbildliche Art des Ausdruckkes hat nun auch der geregelte Traum. ... Aber er hört auf, bloße Tatsachen der physischen Umgebung oder des eigenen sinnlichen Leibes widerzuspiegeln. So wie diejenigen Träume regelmäßig werden, welche diesen [konkreten, physischen] Dingen ihren Ursprung verdanken, so mischen sich auch solche Traumbilder ein, die Ausdruck von Dingen und Verhältnissen einer anderen Welt sind. Hier werden zuerst Erfahrungen gemacht, welche dem gewöhnlichen Tagesbewußtsein unzugänglich sind. – Nun darf man keineswegs glauben, daß irgendein wahrer Mystiker die Dinge, die er in solcher Art traumhaft erlebt, zur Grundlage irgendwelcher maßgebenden Mitteilungen einer höheren Welt schon macht. Nur als die ersten *Anzeichen* einer höheren Entwickelung hat man solche Traumerlebnisse zu betrachten. – Bald tritt auch als weitere Folge die Tatsache ein, daß die Bilder des träumenden Geheimschülers nicht mehr wie früher der Leitung des besonnenen Verstandes entzogen sind, sondern von diesem geregelt und ordnungsgemäß überschaut werden wie die Vorstellungen und Empfindungen des Wachbewußtseins. Es verschwindet eben immer mehr und mehr der Unterschied zwischen dem Traumbewußtsein und diesem Wachzustand. Der Träumende ist im vollen Sinne des Wortes während des Traumlebens wach; das heißt, er fühlt sich als Herr und Führer seiner bildhaften Vorstellungen.

Während des Träumens befindet sich der Mensch tatsächlich in einer Welt, welche von derjenigen seiner physischen Sinne verschieden ist. Nur vermag der Mensch mit unentwickelten geistigen Organen sich von dieser Welt keine anderen als die gekennzeichneten verworrenen Vorstellungen zu bilden. Sie ist für ihn nur so vorhanden, wie die sinnliche Welt für ein Wesen da wäre, das höchstens die allerersten Anlagen von Augen hat. Deshalb kann der Mensch auch nichts sehen in dieser Welt als die Nachbilder und Widerspiegelungen des gewöhnlichen Lebens. Diese kann er aber aus dem Grunde im Traume sehen, weil seine Seele ihre Tageswahrnehmungen selbst als Bilder in den Stoff hineinmalt, aus dem jene andere Welt besteht. Man muß sich nämlich klar darüber sein, daß der Mensch neben seinem gewöhnlichen bewußten Tagesleben noch ein zweites, unbewußtes, in der angedeuteten anderen Welt führt. Alles, was er wahrnimmt und denkt, gräbt er in Abdrücken in diese Welt ein. Man kann diese Abdrücke eben nur sehen, wenn die Lotusblumen [Seelenorgane] entwickelt sind. Nun sind bei jedem Menschen gewisse spärliche Anlagen der Lotusblumen immer vorhanden. Während des Tagesbewußtseins kann er damit nichts wahrnehmen, weil die Eindrücke auf ihn ganz schwach sind. Es ist dies aus einem ähnlichen Grunde, warum man während des Tages die Sterne nicht sieht. Sie kommen für die Wahrnehmungen gegenüber dem mächtig wirkenden Sonnenlicht nicht auf. So kommen die schwachen geistigen Eindrücke gegenüber den machtvollen Eindrücken der physischen Sinne nicht zur Geltung. Wenn nun im Schlaf die Tore der äußeren Sinne geschlossen sind, so leuchten diese Eindrücke verworren auf. Und der Träumende wird dann der in einer anderen Welt gemachten Erfahrungen gewahr. Aber, wie gesagt, zunächst sind diese Erfahrungen nichts weiter als dasjenige, was das an die physischen Sinne gebundene Vorstellen selbst in die geistige Welt eingegraben hat. – Erst die entwickelten Lotusblumen machen es möglich, daß Kundgebungen, welche nicht der physischen Welt angehören, dort verzeichnet werden. Und durch den entwickelten Ätherleib entsteht dann ein volles Wissen von diesen aus anderen Welten herrührenden Einzeichnungen. [Siehe auch die Ausführungen über «okkulte Schrift», S. 128f.] – Damit hat der Verkehr des Menschen in einer neuen Welt begonnen. Und der Mensch muß jetzt – durch die Anleitungen der Geheimschulung – ein Doppeltes zunächst erreichen. Zuerst muß es ihm möglich werden, ganz vollständig wie im Wachen die im Traume gemachten Beobachtungen zu gewahren. Hat er dies erreicht, so wird er dazu geführt, dieselben Beobachtungen auch während des gewöhnlichen Wachzustandes zu machen. Seine Aufmerksamkeit auf geistige Eindrücke wird da einfach so geregelt, daß diese Eindrücke gegenüber den physischen nicht mehr zu verschwinden brauchen, sondern daß er sie *neben* und mit diesen immerfort haben kann.

Hat der Geheimschüler diese Fähigkeit erlangt, dann ... kann er ... wahrnehmen, was in der geistigen Welt vorhanden ist als die Ursache für die physische. Und er kann vor allem sein höheres Selbst innerhalb dieser Welt erkennen.» *(GA 10, S. 159–163)*

Eine Ergänzung dieser Schilderung findet sich in dem Band «Vor dem Tore der Theosophie»:

«Wenn nun durch die innere Entwickelung der Mensch beginnt, die höheren Welten wahrzunehmen, so kündigt sich das zuerst in seinem Traumzustand an, und zwar dadurch, daß die Träume regelmäßiger werden und sinnvoller sind als vorher. Vor allen Dingen gewinnt der Mensch Erkenntnisse durch seine Träume; er muß nur recht auf sie achtgeben. Später bemerkt er dann, daß die Träume häufiger werden, bis er meint, die ganze Nacht hindurch geträumt zu haben. Ebenso kann er beobachten, daß die Träume sich mit Dingen verbinden, die es in der Außenwelt gar nicht gibt, die man physisch gar nicht erleben kann. Er merkt, daß in den Träumen ihm jetzt nicht mehr bloße Dinge erscheinen, die entweder äußerlich auf ihn einwirken oder Zustände versinnbildlichen, ... sondern er erlebt, wie gesagt, Bilder von Dingen, die in der sinnenfälligen Wirklichkeit gar nicht existieren, und er merkt dann, daß ihm die Träume etwas Bedeutungsvolles sagen. Zum Beispiel kann es in der folgenden Weise anfangen: Er träumt, ein Freund befinde sich in Feuersgefahr, und er sieht, wie er in die Gefahr hineinrückt. Am nächsten Tag erfährt er, daß dieser Freund in der Nacht krank geworden ist. Er hat nicht gesehen, daß der Freund krank geworden ist, aber ein Sinnbild dafür hat er geschaut. So können auch von den höheren Welten Einflüsse auf die Träume erfolgen, so daß man etwas erfährt, was es gar nicht in der physischen Welt gibt; da gehen Eindrücke von den höheren Welten in den Traum über. Das ist ein sehr wichtiger Übergang zur höheren okkulten Entwickelung.

Nun kann da jemand einwenden: Das ist ja alles nur geträumt, wie kann man darauf etwas geben? – Das ist nicht richtig. Nehmen wir folgendes Beispiel an: es hätte Edison einmal geträumt, wie man eine Glühlampe macht; er hätte sich dann dieses Traumes erinnert und wirklich dem Traum gemäß eine Glühlampe angefertigt, und nun wäre jemand gekommen und hätte gesagt: Nichts ist es mit der Glühlampe, das ist ja bloß geträumt! – Es handelt sich eben darum, ob das Geträumte Bedeutung hat für das Leben, nicht darum, daß es geträumt ist. Vielfach werden nun solche Traumzustände gar nicht beachtet, weil man zuwenig aufmerksam ist. Das ist nicht gut. Gerade auf solche subtile Sachen sollten wir unsere Aufmerksamkeit wenden; das bringt vorwärts.

Später tritt nun ein Zustand ein, wo sich dem Schüler das Wesen der Wirklichkeit im Traum enthüllt, und er kann dann die Träume an der Wirklichkeit prüfen. Wenn er so weit ist, daß er nicht bloß im Schlaf, sondern auch bei Tag die ganze Bilderwelt vor sich hat, dann kann er mit dem Verstand zergliedern, ob das wahr ist, was er sieht. Man darf also nicht etwa die Traumbilder als eine Grundlage für die Weisheit ansehen und benutzen, sondern man muß warten, bis sie sich in die Tageswelt hineindrängen. Wenn man sie bewußt kontrolliert, dann kommt auch bald der Zustand, wo der Schüler nicht nur sieht, was physisch vorhanden ist, [sondern] wo er auch wirklich beobachten kann, was am Menschen die Aura, die Seele ist, was astral an ihm ist. Man lernt dann verstehen, was die Formen und Farben im Astralleib bedeuten, welche Leidenschaften zum Beispiel sich darin ausdrücken. Man lernt allmählich die seelische Welt sozusagen buchstabieren. Nur muß man sich stets dessen bewußt sein, daß alles sinnbildlich ist.

Man kann dagegen einwenden: Wenn man nur Sinnbilder sieht, dann kann ja ein Ereignis in allen möglichen Sinnbildern symbolisiert sein, und man kann sich gar nicht klar werden, daß so ein Bild sich gerade auf etwas Bestimmtes bezieht. – Auf einer gewissen Stufe jedoch stellt sich eine Sache immer nur unter dem gleichen Bilde dar, gerade wie sich ein Gegenstand immer nur durch die gleiche Vorstellung ausdrückt. So drückt sich zum Beispiel Leidenschaft immer durch blitzartige rötliche Farben aus. Man muß nur lernen, die Bilder auf das Richtige zu beziehen. Man erkennt an dem Bild den Seelenzustand.

Nun begreifen Sie, warum in allen Religionsbüchern fast durchweg in Bildern gesprochen wird. Da wird die Weisheit zum Beispiel Licht genannt. Der Grund dafür ist, daß dem okkult Entwickelten die Weisheit des Menschen und der anderen Wesen immer als ein astrales Licht erscheint. Leidenschaften erscheinen als Feuer. Die religiösen Urkunden teilen Dinge mit, die sich nicht nur auf dem physischen Plan abspielen, sondern auch Geschehnisse auf höheren Planen. Diese Urkunden rühren sämtlich von Hellsehern her und beziehen sich auf höhere Welten; deshalb müssen sie zu uns in Bildern sprechen.» *(GA 95, S. 113–115)*

### 3. ... *durch Läuterung des Traumlebens innerhalb der okkulten Schulung*

«Derjenige, der sich aufklären will über die Traumerlebnisse, so daß diese Aufklärung ihm etwas geben kann zum Eindringen in die okkulten Welten, der muß gerade auf diesem Gebiete die allergrößte Sorgfalt verwenden. Er muß sich daran gewöhnen, sorgfältig allen verborgenen Wegen nachzugehen, und es wird sich ihm zeigen, wie der Traum in den meisten Fällen nichts anderes gibt als das, was in der äußeren Welt erfahren worden ist. Aber gerade derjenige, der sorgfältiger und immer sorgfältiger wird in der Durchforschung seines Traumlebens – und das sollte im Grunde jeder angehende Okkultist –, der wird dennoch nach und nach bemerken, daß aus dem Gewebe des Traumes ihm Dinge hervorquellen, von denen er ganz und gar nicht in seinem bisherigen Leben, in dem Leben dieser Inkarnation äußerlich hat erfahren können. Und wer solche Anweisungen befolgt, wie sie gegeben sind in meinem Buche ‹Wie erlangt man Erkenntnisse der höheren Welten?›, der wird bemerken, wie sich nach und nach sein Traumleben wandelt, wie die Träume in der Tat einen anderen Charakter annehmen. Er wird als eine der ersten Erfahrungen die folgende machen können.

Er wird vielleicht einmal lange, lange nachgesonnen haben über irgend etwas, was ihm rätselhaft erschienen ist, und wird vielleicht zu dem Schluß gekommen sein: Ja, so wie du jetzt bist, reicht deine Intelligenz doch nicht aus, dieses Rätsel dir aus der eigenen Seele zu lösen, und auch dasjenige, was du bisher von außen gelernt hast, reicht nicht dazu aus. Dann wird dieser Mensch vielleicht – das wird der häufigere Fall sein – nicht das Bewußtsein haben: Du träumst, und im Traum löst sich dir dieses Rätsel auf. – Dies Bewußtsein wird er nicht gleich haben. Aber ein höheres Bewußtsein wird er auf verhältnismäßig früher Stufe haben können. Er wird gleichsam sich fühlen wie aufwachend aus einem Traum, wie sich erinnernd an einen Traum. Sein Bewußtsein wird sich so gestalten, daß er sich sagt oder doch sagen könnte: Ja, jetzt träume ich nicht dasjenige, um das es sich handelt. Ich war mir auch irgendeines Traumes, den ich etwa früher gehabt hätte, nicht bewußt. Aber jetzt taucht es wie eine Erinnerung auf, daß so etwas wie ein Wesen an mich herangetreten ist, das mir dieses Rätsel gelöst hat, indem es mir die Lösung gleichsam gegeben oder zugesprochen hat. – Solch eine Tatsache wird von demjenigen, der sich daran gewöhnt, sein Bewußtsein allmählich durch die genannten Anweisungen zu erweitern, verhältnismäßig leicht erfahren werden. Man wird wissen, sich erinnernd an wie im Traum Durchlebtes, daß man damals es nicht wußte, daß man es erlebte. Wie aus dunklen Untergründen der eigenen Seele heraufleuchtend, wird so etwas erscheinen, dem gegenüber man sich sagt: Als du selbst mit deiner Gescheitheit, mit deiner Intelligenz nicht dabei warst, als du deine Seele gleichsam davor hütetest, durch deine Intelligenz beraten zu sein, als du deine Seele vor deiner eigenen Intelligenz hütetest, da konnte deine Seele mehr, da konnte sie in Zusammenhang kommen mit der Rätsellösung, der gegenüber du mit deiner Intelligenz ohnmächtig bist. – Gewiß wird es den materialistischen Gelehrten auch oftmals leicht sein, eine materialistische Erklärung für eine solche Erfahrung zu finden, aber der, welcher diese Erfahrung selber macht, weiß in der Tat, daß dasjenige, was ihm da entgegentritt, was dann wie ein erinnertes Traumerlebnis sich entpuppt, ganz anderes enthüllt als bloß eine Reminiszenz des gewöhnlichen Lebens. Vor allen Dingen ist die ganze Stimmung der Seele, die man solchen Erlebnissen gegenüber hat, eine solche, daß man sich sagt: Ja, diese Seelenstimmung hast du eigentlich wirklich noch gar nicht gehabt. Es ist die Stimmung einer wunderbaren Seligkeit darüber, daß man in den Tiefen der Seele mehr trägt als im gewöhnlichen Tagesbewußtsein. Aber es kann noch deutlicher, noch viel deutlicher sein, dieses Erkennen des Seelenlebens, dieses Heraufdrängen wie eine Erinnerung an etwas, was man nicht auffassen konnte, als es sich zugetragen hat in der Seele. Es kann viel deutlicher etwas heraufragen in das bewußte Erkennen des Seelenlebens. Das geschieht im folgenden Falle.

Wenn der Mensch mit Energie und Ausdauer, vielleicht oftmals durch recht lange Zeiten hindurch, vielleicht durch Jahrzehnte hindurch, fortsetzt solche Übungen, wie sie gegeben sind in meinem Buche ‹Wie erlangt man Erkenntnisse der höheren Welten?›, dann bekommt er in ganz ähnlicher Weise, wie [eben] geschildert worden ist, das Herauftauchen eines Seelenerlebnisses in das Bewußtsein. Dieses kann zum Beispiel das folgende sein: Nehmen wir an, in dieses Seelenerlebnis sei hineingemischt die Erinnerung an ein gewöhnliches Erlebnis des äußeren Tageslebens, das uns vor Jahren getroffen hat, vielleicht ein recht unangenehmes, fatales Erlebnis, das wir einen schweren Schicksalsschlag nennen, von dem wir immer wissen, daß wir nur mit Bitternis an ihn denken konnten die ganze Zeit hindurch. Gegenüber einem solchen Erlebnis kann man wirklich ein deutliches Bewußtsein haben, wie bitter man es bisher erlebt hat, wie man immer ein bitteres Gefühl gehabt hat, wenn es in der Erinnerung aufgetaucht ist. Jetzt nun taucht wiederum etwas wie die Erinnerung an einen Traum auf, aber an einen sehr merkwürdigen Traum, der uns sagt: In deiner Seele leben Gefühle, welche dir mit aller Macht als etwas außerordentlich Willkommenes dieses bittere Erlebnis herangezogen haben; es lebt in deiner Seele etwas, das mit einer Art Wonne empfunden hat, alle Verhältnisse so herbeizuführen, daß dich dieses Schicksal treffen konnte. – Und jetzt, wenn man eine solche Erinnerung hat, dann weiß man auch: In dem gewöhnlichen Bewußtsein, das man in sich trägt zur Ordnung der äußeren Angelegenheiten, gab es keinen Moment, in dem du nicht schmerzlich und bitter diesen Schicksalsschlag empfunden hast. Keinen Moment gab es in deiner jetzigen Inkarnation, da du das nicht schmerzlich und bitter empfunden hast. Aber in dir ist etwas, das ganz anders sich verhält zu diesem Schicksalsschlage, etwas, das mit aller Gewalt die Verhältnisse herbeizuführen suchte, die dir diesen bitteren Schicksalsschlag brachten. Das hast du damals nicht gewußt, daß in dir etwas ist, was sich zu diesem Schicksalsschlage wie mit magnetischer Kraft angezogen fühlte, das hast du nicht gewußt. – Jetzt aber merkt man, daß hinter dem alltäglichen Bewußtsein eine andere, tiefere Schicht des Seelenlebens weisheitsvoll waltet. Wer eine solche Erfahrung macht – und wer die Übungen, wie sie in meinem Buche ‹Wie erlangt man Erkenntnisse der höheren Welten?› gegeben sind, energisch befolgt, kann wirklich ein solches Erlebnis haben –, der weiß von da ab: Ja, du lebst ein Seelenleben, welches sich zur äußeren Welt in einer gewissen Weise verhält, welches Sympathien und Antipathien hat für dasjenige, was als Schicksal dir vor Augen steht, und mit diesem Bewußtsein fühltest du damals dem Schicksalsschlage gegenüber. Du empfandest ihn als bitter, antipathisch. Du wußtest aber nicht, daß in dir ein weiteres Seelenleben war, welches mit allerhöchster Sympathie dazumal sich hindrängte dazu, das zu erfahren, das zu erleben, was dein gewöhnliches Alltagsbewußtsein so unsympathisch empfindet.

Wenn man ein solches Erlebnis hat, dann mag jeder materialistische Forscher kommen und mag davon sprechen, daß solche Erlebnisse nur Reminiszenzen des Alltagslebens seien; wir wissen, wie sich solche bloße Reminiszenzen unterscheiden von demjenigen, was man da erlebt. Denn in diese Reminiszenzen müßte sich doch die Bitterkeit hineinmischen, mit der man immer an dieses gedacht hat. Das aber, was man so erlebt, spielt sich ganz anders ab, nimmt sich ganz anders aus als jede Reminiszenz. Denn man ist in seinem tiefsten Inneren ein ganz anderer Mensch, als man ahnt. Das tritt einem vor die Seele. Und es tritt einem vor die Seele wahrhaftig so, daß man weiß: man hat da Offenbarungen aus Regionen bekommen, in die unser Alltagsbewußtsein nicht hineinkommen kann.

Wenn man solch eine Erfahrung hat, dann erweitert sich die ganze Vorstellung, die man von dem Seelenleben hat, dann weiß man aus Erfahrung, daß dieses Seelenleben allerdings noch etwas ganz anderes ist als dasjenige, was umfaßt wird von der Geburt an bis zum Tode. Wenn man nicht untertaucht in die charakterisierten tieferen Seelenregionen, so bekommt man für sein gewöhnliches Bewußtsein keine Ahnung davon, daß man unter der Schwelle des Bewußtseins noch ein ganz anderer Mensch ist, als man im Alltagsleben meint. Und wenn dann ein bedeutsames anderes Fühlen und Empfinden gegenüber dem Leben in der Seele entsteht, dann erweitert sich für dieses Empfinden und Erleben der Kreis dessen, was wir Welt nennen, um eine neue Region. Dann treten wir in der Tat in eine neue Region des Erlebens ein. Eine ganz andere, neue Region tut sich vor uns auf, und wir wissen dann, warum wir im gewöhnlichen Leben in diese Region nur, man möchte sagen, unter gewissen Voraussetzungen eintreten können.

Ich habe im Grunde genommen, indem ich versuchte, Ihnen gleichsam die okkulte Entwickelung des Traumlebens zu schildern, zwei ganz verschiedene Dinge jetzt schon hingestellt. Auf der einen Seite das alltägliche Traumleben, das für die weitaus meisten Menschen immer wieder eintritt auf der Grenze des Wachens und Schlafens. Aufmerksam habe ich darauf gemacht, daß dieses alltägliche Traumleben sich nährt von den Nachbildern des alltäglichen Lebens. Aber ich habe auf der anderen Seite Ihnen gezeigt, daß durch eine ähnliche Art des inneren Erlebens, wie es sich vollzieht bei den gewöhnlichen Traumbildern, nach bestimmten Voraussetzungen, durch eine Schulung, eine ganz neue Welt vor uns auftauchen kann, von der wir bisher, bevor wir in sie eingetreten sind, ganz gewiß nichts gewußt haben, von der wir uns sagen können: Wir sind in der Lage, in die Regionen des Traumlebens auch anders hinunterzutauchen, so daß wir in ihnen eine neue Welt uns aufgehend finden. – So haben wir die Traumwelt auf der einen Seite durchzogen von den Reminiszenzen des gewöhnlichen Lebens, von den Nachbildern des Alltagslebens, und auf der anderen Seite haben wir eine Welt, ähnlich der Traumregion, in welcher Welt wir aber neue Erlebnisse, wirkliche, reale Erlebnisse haben, von denen wir nur sagen können, daß es Erlebnisse realer Art der anderen, geistigen Welten sind. Aber eine Bedingung muß erfüllt sein, wenn wir diese neuen Erlebnisse machen wollen im nächtlichen Halbschlaf. Die Bedingung muß erfüllt sein, daß wir auszuschalten vermögen die Reminiszenzen des alltäglichen Lebens, die Bilder des alltäglichen Lebens. Solange diese hineinspielen in die Traumregion, so lange machen sie sich darin wichtig, möchte ich sagen, und verhindern, daß die realen Erlebnisse der höheren Welten hereinkommen. Warum ist dieses? Warum tragen wir in eine Region des Erlebens, in der wir höhere Welten erleben könnten, hinein die Nachbilder des alltäglichen Lebens? Warum tragen wir diese Nachbilder des alltäglichen Lebens in diese Region, in welcher sie sich so wichtig machen?

Wir tun das aus dem Grunde, weil wir im alltäglichen Leben, ob wir es nun gestehen oder nicht gestehen, das allergrößte Interesse haben an dem, was gerade uns betrifft, an unseren eigenen äußeren Erlebnissen. Es kommt dabei gar nicht darauf an, daß sich irgendwelche Menschen vorspiegeln, ihr Leben interessiere sie gar nicht mehr besonders. Durch solche Vorspiegelungen läßt sich nur derjenige beirren, der nicht weiß, wie die Menschen auf diesem Gebiete sich den allerärgsten Illusionen hingeben. Der Mensch hängt tatsächlich einmal an den Sympathien und Antipathien des alltäglichen Lebens. Wenn Sie nun wirklich einmal durchgehen dasjenige, was in dem Buche ‹Wie erlangt man Erkenntnisse der höheren Welten?› als Anleitung gegeben ist für menschliche Seelenentwickelung, dann werden Sie sehen, daß im Grunde alles darauf hinausläuft, unser Interesse uns abzugewöhnen für das alltägliche Leben. ... Und der wirkliche Erfolg, den solche Übungen haben können, der zeigt sich ja bei demjenigen Menschen, der es energisch ernst meint, doch eigentlich recht bald, der zeigt sich eben darin, daß die Sympathien und Antipathien gegenüber dem Leben sich etwas ändern.

Das bedeutet viel, sehr viel, das bedeutet in der Tat, daß wir gerade diejenigen Kräfte bekämpfen, die so wirken, daß sich die alltäglichen Erlebnisse als Nachbilder, als Reminiszenzen in die Träume hineinschleichen. Denn sie tun das nicht mehr, wenn wir es auf irgendeinem Gebiete, ganz gleich auf welchem, so weit gebracht haben, unsere Sympathie und Antipathie zu ändern. ... Es kann in den alleralltäglichsten Dingen liegen, aber irgendwo muß eine solche Änderung eintreten. Da gibt es Menschen, die sagen: Ich übe täglich, morgens und abends, und auch sonst noch stundenlang, aber ich kann nicht einen Schritt in die geistigen Welten hinein machen. – Es ist wirklich manchmal recht schwierig, solchen Menschen klar zu machen, wie leicht das zu verstehen ist, daß sie das nicht können. Oftmals brauchen ja die Menschen nur zu bedenken, daß sie heute, vielleicht nach zwanzig, fünfundzwanzig, vielleicht sogar nach dreißig Jahre langen Übungen, noch auf dieselben Dinge schimpfen, auf die sie damals vor fünfundzwanzig Jahren ebenso geschimpft haben. ...

Aber noch etwas Gewöhnlicheres: Es gibt ja Menschen, die sich bemühen, auch äußerliche Mittel, die im Okkultismus gewisse Folgen zeigen, anzuwenden. Sie werden zum Beispiel Vegetarier. Aber siehe da, nun gibt es Menschen, die mit allem Ernste sich vornehmen, wirklich sich etwas abzugewöhnen und die zunächst mit allem Ernst herangehen, dann aber, trotzdem sie Übungen durch Jahrzehnte hindurch gemacht haben, nichts erlangen. Ein solcher Mensch sagt sich: Wenn ich doch nur ein klein winziges Stückchen von den Geisteswelten erlebte! – Er müßte eben nur bedenken, daß er vielleicht immer wieder zu den Fleischtöpfen Ägyptens zurückgekehrt ist, weil er eben die alte Sympathie für das Fleisch doch nicht hat niederkämpfen können. Er selbst denkt an ganz andere Gründe, denkt, daß er das Fleisch nötig hat. Er sagt zum Beispiel: Mein Gehirn verlangt es.

Stellen wir uns daher die Sache, welche die Umänderung der Sympathie und Antipathie betrifft, nicht so leicht vor. Leicht ist es, doch – so möchte man mit einer Reminiszenz an ein ‹Faust›-Zitat sagen –: ‹Leicht ist es zwar, doch ist das Leichte schwer.› Gerade mit diesem Paradoxon muß man oftmals die sich entwickelnde Seelenstimmung dessen schildern, der hinaufsteigen will in die höheren Welten. Es kommt nicht darauf an, diese oder jene Sympathie oder Antipathie zu ändern, sondern es kommt nur darauf an, überhaupt irgendeine Sympathie oder Antipathie ernsthaft zu ändern. Dann kommt man nach bestimmten Übungen in die Region des Traumlebens so hinein, daß man gleichsam nichts hineinbringt von dem alltäglichen Leben, von den Sinneserlebnissen. Dadurch aber haben die neuen Erlebnisse gewissermaßen Platz darinnen.

Jetzt weiß man, wenn man wirklich praktisch durchgemacht hat ein solches Erlebnis durch eine okkulte Entwickelung, daß gewissermaßen noch eine Schicht des Bewußtseins im Menschen vorhanden ist. Das tägliche Bewußtsein kennt ja jeder Mensch: es ist das wache Tagesbewußtsein, durch das er denkt, fühlt und will, von dem er gewohnt ist zu wissen seit dem Bewußtwerden seiner selbst in seiner Kindheit, von welchem Augenblicke an er bis zum

Tode gleichsam ein bewußtes Seelenleben führt. Wenigstens bei den meisten Menschen ist es so. Hinter diesem tagwachen Bewußtsein liegt eine andere Schicht des Bewußtseins. In diesem anderen [Bewußtsein] sind für das alltägliche Erleben die Träume darinnen. Daher können wir sagen: es ist dieses das Traumbewußtsein. – Aber wir haben auch gesehen, es ist nicht bloß das Traumbewußtsein. Traumbewußtsein wird es nur dadurch, daß wir vom täglichen Bewußtsein dasjenige hineintragen, was wir in diesem täglichen Bewußtsein erleben. Wenn wir das nicht tun, wenn wir es von diesen Erlebnissen leer machen, dann können aus den höheren Welten Erlebnisse in diese Region unseres Seelenlebens hineinkommen, Erlebnisse, welche eben wirklich auch in der uns umgebenden Welt da sind, von dem gewöhnlichen Bewußtsein aber nicht wahrgenommen werden können, auch in dem Traumbewußtsein nicht, weil aus diesem erst die Reminiszenz herausgetrieben werden müßte an das tägliche Leben, damit es leer wird, Platz geben kann diesen [höheren] Erlebnissen.

Wenn solche Erlebnisse, wie ich sie sozusagen als elementare geschildert habe, auftreten, dann weiß man allerdings, daß wir gar nicht mehr im richtigen Sinne sprechen, wenn wir von diesem Bewußtsein als von einem Traumbewußtsein reden würden, sondern wir wissen, daß in der Tat unser alltägliches Bewußtsein zu dem, was wir da erleben können, nach und nach selber sich wie ein Traum zur Wirklichkeit verhält. Es wird für uns dann für die höhere Erfahrung richtig, daß das alltägliche Bewußtsein gerade eine Art Traumbewußtsein ist, und hier erst die Wirklichkeit beginnt.

Nehmen wir das zweite Beispiel, und versuchen wir uns klar zu machen, wie der Mensch in seinem Gefühle dazu kommt, sich wirklich zu sagen, daß ein höheres Bewußtsein für ihn beginnt. Wir sagen uns: Wir haben mit einem Schicksalsschlage gelebt, den wir als bitter empfunden haben, aber wir haben bemerkt, daß in unserer Seele etwas war, was diesen Schicksalsschlag gesucht hat. Und jetzt fühlen wir auch, daß wir für unsere Seele diesen Schicksalsschlag brauchten, jetzt fühlen wir praktisch zum ersten Male, was Karma ist. Wir fühlen, wir mußten diesen Schicksalsschlag suchen. Wir traten herein in diese unsere Inkarnation mit einer Unvollkommenheit unserer Seele, und weil wir diese Unvollkommenheit fühlten, zwar nicht im [Tages-]Bewußtsein, sondern in den Tiefen der Seele, deshalb zog es uns [wie] magnetisch dazu hin, diesen Schicksalsschlag wirklich zu erleben. Dadurch haben wir eine Unvollkommenheit unserer Seele bezwungen, abgeschafft, dadurch haben wir ein Wichtiges, Reales getan. Wie oberflächlich ist dagegen das Urteil des Alltags, das dies oder jenes als antipathisch empfindet. Die höhere Wirklichkeit ist diese, daß unsere Seele fortschreitet von Inkarnation zu Inkarnation, nur eine kurze Zeit lang kann sie das Antipathische dieses Schicksalsschlages empfinden. Wenn sie aber über den Horizont dieser Inkarnation blickt, dann fühlt sie ihre Unvollkommenheiten, dann fühlt sie die Notwendigkeit – ja, sie fühlt es stärker als mit dem gewöhnlichen Bewußtsein –, dann fühlt sie als das Notwendige, vollkommener und immer vollkommener zu werden. Das gewöhnliche Bewußtsein hätte, wenn es vor diesen Schicksalsschlag vorher gestellt worden wäre, sich feige an diesem Schlag vorbeigeschlichen, hätte nicht die Notwendigkeit gewählt. Könnte es wählen, so schliche es sich feige vorbei an dem ihm antipathischen Schicksalsschlag. Aber das tiefere Bewußtsein, von dem wir nichts wissen, das schleicht sich nicht feige vorbei, das zieht es gerade herbei; das läßt das Schicksal, das es als einen Vervollkommnungsprozeß empfindet, so wirken, daß es sich sagt: Ich bin hineingetreten in dieses Leben, bin mir bewußt gewesen, daß ich von meiner Geburt an mit einer Unvollkommenheit der Seele behaftet gewesen bin. Will ich die Seele entwickeln, so muß diese bereitet werden. Dann aber muß ich hineilen zu diesem Schicksale. – Das ist das stärkere Element in der Seele, das ist das Element, gegenüber dem das Gespinst des gewöhnlichen Bewußtseins mit seinen Antipathien und Sympathien sich wie ein Traum ausnimmt. Drüben [hinter dem gewöhnlichen Bewußtsein] tritt man in das Fühlen und Erleben der Seele ein, das tief in den Untergründen derselben für das Alltagsbewußtsein schlummert, von dem man sich hier sagt, daß es mehr weiß von uns, daß es stärker ist in uns als unser gewöhnliches Bewußtsein.» *(GA 146, S. 44–54)*

# V. DAS WESEN DER TRAUMREGION

Wenn man durch Überwindung der Sympathie und Antipathie gegenüber den Erlebnissen und Gewohnheiten im Alltagsleben die Erinnerungsbilder aus dem Traumleben ausgeschlossen hat, und sich dadurch Anfangserlebnisse in der elementarischen Welt einstellen konnten, wie sie im vorhergehenden Abschnitt geschildert wurden, dann ist es von unendlicher Wichtigkeit, daß der Mensch weiß, wie die Welt ist, die er da betritt, und was ihn dort eigentlich erwartet. Er muß wissen, was er an innerer Arbeit an sich selbst leisten muß, um zum objektiven Erkennen dieser Welt zu gelangen und nicht im Chaotischen steckenzubleiben. Denn letztlich ist es doch der geistige, ewige Wesenskern des Menschen aus der geistigen Welt, der da in der Seele träumt, der wirklich in der Seele tätig ist, während sich die chaotischen Traumhandlungen abspielen.

Nach den ersten Erlebnissen in der elementarischen Welt tritt nämlich etwas in der Seele auf, was man als ein Erschrecken oder als Furcht vor dem Weitergehen in die Traumregion bezeichnen könnte. Das rührt her von der Begegnung mit dem «Hüter der Schwelle». Wer ist der «Hüter der Schwelle», und was will er von dem geistig strebenden Menschen? Wie können wir mit dieser Begegnung umgehen, damit sie hilfreich werde bei der Weiterentwicklung unseres Traumbewußtseins?

Dieses Kapitel wird daher die Gründe für die Erkenntnisschwierigkeiten in der elementarischen Welt offenlegen und die Wege für ihre Überwindung beschreiben. Das soll in der Weise geschehen, daß in diesem Kapitel die Traumregion wieder von einem neuen Gesichtspunkt aus geschildert wird, der denjenigen in den vorhergehenden Beschreibungen ergänzen kann.

In dieser übersinnlichen Region – und das sei an dieser Stelle schon vorausgeschickt – treten auch geistige Wesenheiten auf, die man als die sogenannten Widersachermächte des Menschen bezeichnen kann. Die Bibel spricht von der Schlange im Paradies, die den Menschen verführen will, zu werden wie Gott, und von dem Satan, der den Menschen an die Erde fesseln will. Diese beiden Kräfte nennt die Geisteswissenschaft die *luziferischen* und die *ahrimanischen* Wesenheiten, die sich der gottgewollten Entwicklung entgegenstellen und darum kämpfen, den Menschen für sich zu gewinnen. Welche Maßnahmen muß der Mensch nun ergreifen, um den Versuchungen dieser beiden Gegenmächte nicht zu erliegen? Dieses Kapitel ist deshalb ganz darauf ausgerichtet, dem suchenden Menschen einen Weg zu zeigen, wie er von seinem Traumbewußtsein durch alle versucherischen Gefahren hindurch zum objektiven Erkennen der Traumwelt gelangen kann.

In der allmählichen Überwindung aller Schwierigkeiten durch Erkenntnis und klares Wissen kann der Mensch dann die Fähigkeiten erlangen, um in seinem spirituellen Erkennen und seiner freiheitlichen Entwicklung, die ihm zugedacht ist, fortzuschreiten.

Doch dann tritt ihm noch eine andere Gestalt, eine größere, eine mächtigere entgegen, als es der erste, der «kleine Hüter der Schwelle» ist. Es ist der «große Hüter der Schwelle», der vor der Pforte zu den höheren geistigen Welten «als der Cherub mit dem feurigen Schwerte vor dem Paradiese» steht. *(s. GA 10, S. 212)* Wer sich hinter diesem Hüter verbirgt und warum diese Begegnung notwendig ist, soll dann im letzten Abschnitt geklärt werden.


ERLEBNISSE AN DER SCHWELLE ZUR HÖHEREN WELT

Immer dann, wenn der Mensch die höhere Welt betritt – bewußt oder unbewußt –, begegnet er einem geistigen Wesen, dem «Hüter der Schwelle». Wer ist dieser «Hüter der Schwelle», und welche Aufgabe hat er?

«Nun kommt man nicht so leicht an dem ‹Hüter der Schwelle› vorüber. Man kann sagen: Im Verhältnis zu einer wahren, richtigen Anschauung der geistigen Welten ist es leicht, überhaupt eine Anschauung der geistigen Welten zu gewinnen. Irgendwelche Eindrücke der geistigen Welt zu haben, ist eigentlich, besonders in unserem heutigen Zeitpunkt, nicht so ganz besonders schwierig. Aber in die geistige Welt so einzutreten, daß man sie in ihrer Wahrheit schaut, das macht notwendig, wenn es einem vielleicht auch erst spät aufbewahrt ist, die Begegnung mit dem ‹Hüter der Schwelle› zu haben, daß man sich doch gut vorbereitet haben muß, um sie, wenn man sie haben kann, in der richtigen Weise zu erleben. – Die meisten Menschen oder wenigstens sehr viele kommen sozusagen bis zum ‹Hüter der Schwelle›. Es handelt sich aber immer um das wissende Kommen zum ‹Hüter der Schwelle›.» (GA 147, S. 138)

'Dieses Schwellenerlebnis will der Mensch unbewußt auslöschen. Doch dieser Augenblick des Auslöschens ist der Moment, wo sich Luzifer und Ahriman verbünden und dem Menschen den Eintritt in die geistige Welt verwehren.' (s. GA 147, S. 139)

Wie sieht dieses Bündnis aus, und in welcher Weise kämpfen Ahriman und Luzifer gegen den Menschen, der die höhere Welt betritt?

«Und vor allen Dingen müssen stark und kraftvoll werden diejenigen Erlebnisse der Seele, die man bezeichnen könnte als die höheren moralischen Erlebnisse, Erlebnisse, die sich ausdrücken in der Seelenstimmung der Charakterfestigkeit, der inneren Sicherheit und Ruhe. Innerer Mut und Charakterfestigkeit müssen vor allen Dingen in der Seele ausgebildet werden, denn durch Charakterschwäche schwächt man das ganze Seelenleben, und man kommt mit einem schwachen Seelenleben in die elementarische Welt hinein. Das darf man aber nicht, wenn man richtig und wahr in der elementarischen Welt erleben will. ... Und es gehört zu den traurigsten Verirrungen, die der Menschheit vorgemacht werden, wenn man es unternimmt zu sagen, daß Hellsichtigkeit angeeignet werden solle mit Außerachtlassung der Verstärkung des moralischen Lebens. Es muß durchaus betont werden, daß dasjenige, was ich charakterisiert habe in der Schrift ‹Wie erlangt man Erkenntnisse der höheren Welten?› als die Ausbildung der Lotusblumen, die bei dem sich heranbildenden Hellseher gleichsam in dem Geistleib des Menschen [als seelische Wahrnehmungsorgane] sich kristallisieren, daß dieses Heranbilden der Lotusblumen auch geschehen kann – aber eben nicht geschehen sollte – mit Außerachtlassung der moralischen Stärkungsmittel.

Diese Lotusblumen müssen da sein, wenn der Mensch die Verwandlungsfähigkeit haben will; denn letztere besteht darin, daß die Lotusblumen ihre Blätter in Bewegung von dem Menschen hinweg entfalten und die geistige Welt umfassen, sich an sie anschmiegen. Was man als Verwandlungsfähigkeit entwickelt, drückt sich für das hellseherische Anschauen in der Entfaltung der Lotusblumen aus. Was man als verstärktes Ich-Gefühl heranbildet, ist innere Festigkeit, die man nennen könnte ein elementarisches Rückgrat. Beides muß man entsprechend entwickelt haben: Lotusblumen, daß man sich verwandeln kann, und etwas Ähnliches wie ein Rückgrat in der physischen Welt, ein elementarisches Rückgrat, damit man sein verstärktes Ich in der elementarischen Welt entwickeln kann. ...

In dem Augenblick, wo man die Schwelle zur geistigen Welt überschreitet, kommt man in ganz anderer Weise, als man ihnen in der physisch-sinnlichen Welt gegenübertritt, in die Nähe der luziferischen und ahrimanischen Wesenheiten. ... Und man erlebt das Eigentümliche, sobald man die Schwelle überschritten hat, das heißt, sobald man Lotusblumen und ein Rückgrat hat, daß man sogleich die luziferischen Mächte herankommen sieht. Diese haben das Bestreben, die Blätter der Lotusblüten zu ergreifen. Sie strecken die Fangarme aus nach unseren Lotusblüten, und man muß in der richtigen Weise sich entwickelt haben, damit man diese Lotusblüten zur Erfassung der geistigen Vorgänge verwendet, und daß sie einem nicht erfaßt werden von luziferischen Mächten. Daß sie nicht erfaßt werden von luziferischen Mächten, ist aber nur möglich, wenn man mit Befestigung der moralischen Kräfte in die geistige Welt hinaufsteigt.» (*GA 147, S. 64/65*)

'Während die luziferischen Wesenheiten von außen die Lotusblumen ergreifen wollen, kommen die ahrimanischen Wesenheiten von innen und setzen sich fest in dem elementarischen Rückgrat.' *(s. GA 147, S. 66)*

«Und jetzt schließen, wenn man nicht in Moralität hinaufgestiegen ist in die geistige Welt, einen merkwürdigen Bund miteinander die ahrimanischen und die luziferischen Mächte. Wenn man mit Ehrgeiz, Eitelkeit, mit Machtgelüsten, mit Stolz hinaufgestiegen ist, dann gelingt es Ahriman und Luzifer, miteinander einen Bund zu schließen. ... Luzifer mit Ahriman zusammen knüpfen die Blätter der Lotusblumen an das elementarische Rückgrat an. ... der Mensch wird in sich selber zusammengeschnürt, in sich selber gefesselt durch seine entwickelten Lotusblumen und durch sein elementarisches Rückgrat. Und das hat zur Folge, daß ein Grad von Egoismus und ein Grad von Liebe zur Täuschung eintritt, die ganz undenkbar sind, wenn der Mensch in der physischen Welt nur stehenbleibt. ... Und so wird man in sich selber gefesselt durch seine eigenen elementarischen oder ätherischen Fähigkeiten.» *(GA 147, S. 66)*

«Findet sich aber die Seele stark genug zum Eintritte, erkennt sie in sich die Kräfte, welche ihr gestatten, nach dem Eintritte ihre Wesenheit als selbständige zu behaupten und in dem Felde ihres Bewußtseins nicht nur Gedanken, sondern auch Wesenheiten zu erleben, wie sie es muß in der elementarischen und in der geistigen Welt: so erfühlt sie auch, daß sie diese Kräfte nur innerhalb des Lebens in der Sinneswelt hat sammeln können. Sie sieht die Notwendigkeit ein, in ihrem Weltenlaufe durch die Sinneswelt geführt zu werden.

Insbesondere ergibt sich diese Einsicht durch die Erlebnisse, welche das übersinnliche Bewußtsein mit dem *Denken* hat. Beim Eintritte in die elementarische Welt erfüllt sich das Bewußtsein mit Wesenheiten, die in Bildform wahrgenommen werden. Es kommt gar nicht in die Lage, innerhalb dieser Welt gegenüber deren Wesenheiten eine ähnliche innere Seelentätigkeit zu entwickeln, wie sie im Gedankenleben innerhalb der Sinneswelt entwickelt wird. – Dennoch wäre es unmöglich, sich innerhalb dieser elementarischen Welt als menschliches Wesen zurechtzufinden, wenn man sie nicht denkend beträte. Man würde ohne denkende Betrachtung wohl die Wesenheiten der elementarischen Welt *schauen;* man würde aber von keiner in Wahrheit wissen können, was sie ist. Man gliche einem Menschen, der eine Schrift vor sich hat, die er nicht lesen kann; ein solcher sieht mit seinen Augen genau dasselbe, was auch derjenige sieht, der die Schrift lesen kann; Bedeutung und Wesenheit hat sie aber doch nur für diesen.

Dennoch übt das übersinnliche Bewußtsein während seines Verweilens in der elementarischen Welt keineswegs eine solche denkerische Tätigkeit aus, wie sie in der Sinneswelt sich vollzieht. Es ist vielmehr so, daß ein denkendes Wesen – wie der Mensch – im richtigen Schauen der elementarischen Welt die Bedeutung ihrer Wesen und Kräfte mit-wahrnimmt, und daß ein nicht-denkendes Wesen die Bilder ohne deren Bedeutung und Wesenheit wahrnehmen würde.

Wird die geistige Welt betreten, so würden zum Beispiel die ahrimanischen Wesenheiten für etwas ganz anderes gehalten werden, als was sie sind, wenn sie nicht von der Seele als einer denkenden Wesenheit geschaut würden. Ebenso ist es mit den luziferischen und anderen Wesenheiten der geistigen Welt. Die ahrimanischen und luziferischen Wesenheiten werden von dem Menschen als das geschaut, was sie sind, wenn er sie von der geistigen Welt aus mit dem hellsichtigen Blicke betrachtet, der durch das Denken erkraftet ist.

Bewaffnete sich die Seele nicht mit der genügenden denkerischen Kraft, so würden die luziferischen Wesenheiten, wenn sie von der geistigen Welt aus geschaut würden, der hellsichtigen Bilderwelt sich bemächtigen und in der betrachtenden Seele die Illusion hervorrufen, daß sie tiefer und immer tiefer in die eigentlich gesuchte geistige Welt hineindringe, während sie in Wahrheit in die Welt immer tiefer versinkt, welche die luziferischen Kräfte als eine ihrer Wesenheit gleiche zubereiten wollen. Die Seele würde sich zwar immer selbständiger fühlen; aber sie würde sich in eine Geisteswelt einleben, die nicht ihrer Wesenheit und ihrem Urquell entspricht. Sie liefe in eine ihr fremde geistige Umgebung ein. – Die Sinneswelt verbirgt solche Wesenheiten, wie die luziferischen sind. Daher können diese innerhalb der Sinneswelt das Bewußtsein nicht beirren. Sie sind für dasselbe einfach nicht vorhanden. Und das Bewußtsein hat die Möglichkeit, sich unbeirrt von ihnen, genügend – denkerisch – zu erkraften. Es gehört zu den instinktiven Eigenheiten des gesunden Bewußtseins, daß es die geistige Welt nur in dem Maße betreten *will*, als es sich für das Durchschauen derselben in der Sinneswelt genügend erkraftet hat. Das Bewußtsein hängt an der Art, wie es sich in der Sinneswelt erleben kann. Es fühlt sich in seinem Elemente, wenn es mit den Gedanken, Gefühlen, Affekten usw. sich in sich erleben kann, die es der Sinneswelt verdankt. Wie stark das Bewußtsein an diesem Erleben hängt, das zeigt sich ganz besonders in dem Augenblicke, in welchem der Eintritt in die übersinnlichen Welten wirklich erfolgt. Wie man an lieben Erinnerungen in besonderen Augenblicken seines Lebens sich festklammert, so kommen beim Eintritt in die übersinnlichen Welten alle die Neigungen mit Notwendigkeit wie aus den Seelentiefen herauf, deren man nur überhaupt fähig ist. Man wird da gewahr, wie man im Grunde an dem Leben hängt, das den Menschen mit der Sinneswelt verbindet. Dieses Hängen zeigt sich da in seiner vollen Wahrheit, ohne alle Illusionen, die man sich sonst im Leben über diese Tatsache macht. Es kommt beim Eintritte in die übersinnliche Welt – gewissermaßen als eine erste übersinnliche Errungenschaft – ein Stück Selbsterkenntnis zustande, von der man vorher kaum eine Ahnung haben konnte. Und es zeigt sich, was man alles hinter sich lassen muß, wenn man wirklich wissend in die Welt eintreten will, in welcher man doch tatsächlich fortwährend darinnen ist. Was man als Mensch bewußt und unbewußt in der Sinneswelt aus sich gemacht hat, das tritt mit höchster Deutlichkeit vor den Seelenblick. – Es kann dieses Erleben oftmals die Folge haben, daß man alle weiteren Versuche des Eindringens in die übersinnlichen Welten fallen läßt. Denn es kommt hinzu, daß man Klarheit darüber gewinnt, wie man anders fühlen, empfinden lernen muß, wenn der Aufenthalt in der geistigen Welt erfolgreich sein soll. Man muß zu dem Entschluß kommen, eine ganz andere innere Seelenverfassung auszubilden, als man vorher gehabt hat, oder – anders gesagt: – man muß zu der vorher errungenen eine andere hinzugewinnen.

Und doch – was geschieht denn in einem solchen Augenblicke des Eintrittes in die übersinnliche Welt eigentlich? Man schaut das Wesen, das man immer gewesen ist; aber man schaut es jetzt nicht von der Sinneswelt aus, von der aus man es vorher stets angeschaut hat; man schaut es, *ohne Illusion*, in seiner Wahrheit von der geistigen Welt aus. Man schaut es so, daß man sich voll durchdrungen fühlt von den Erkenntniskräften, die es [dieses eigene Wesen] in seinem geistigen Wert zu bemessen imstande sind. Wenn man sich so betrachtet, so zeigt sich auch, warum man in die übersinnliche Welt nicht ohne Scheu bewußt eintreten will; es zeigt sich der Grad der Stärke, den man zu diesem Eintritte hat. Man sieht, wie man sich selbst als wissendes Wesen von ihr ferne hält. Und je genauer man sich so durchschaut, desto stärker treten auch die Neigungen auf, durch welche man in der Sinneswelt mit seinem Bewußtsein verbleiben will. Wie aus den Schlupfwinkeln der Seelentiefen lockt das erhöhte Wissen diese Neigungen herauf. *Man muß sie erkennen;* denn nur dadurch werden sie überwunden. Aber im Erkennen bezeugen sie noch ganz besonders ihre Kraft. Sie wollen die Seele überwältigen; diese fühlt sich von ihnen wie in unbestimmte Tiefen hinuntergezogen. Der Augenblick der Selbsterkenntnis ist ein ernster. Es wird in der Welt viel zu viel von der Selbsterkenntnis philosophiert und theoretisiert. Dadurch wird der Seelenblick eher von dem Ernste abgelenkt, der mit ihr verbunden ist, als zu ihm hingetrieben. Und trotz all dieses Ernstes: welche Befriedigung gewährt es, wenn man bedenkt, wie die Menschennatur so eingerichtet ist, daß sie von ihren Instinkten veranlaßt wird, in die geistige Welt nicht einzutreten, bevor sie ihren Reifegrad als Selbsterlebnis in sich entwickeln kann. Welche Befriedigung, daß die zunächst bedeutsamste Begegnung mit einem Wesen der übersinnlichen Welt die ist mit der eigenen

Wesenheit in ihrer Wahrheit, die man in der Menschheitsentwickelung weiterführen soll!

Man kann sagen, in dem Menschen stecke ein Wesen, das sorgsame Wache hält an der Grenzscheide, die beim Eintritte in die übersinnliche Welt überschritten werden muß. Diese im Menschen steckende geistige Wesenheit, die man selbst ist, die man aber so wenig durch das gewöhnliche Bewußtsein erkennen kann, wie das Auge sich selbst sehen kann, ist der ‹*Hüter an der Schwelle*› in die geistige Welt. Man lernt ihn erkennen in dem Augenblicke, in welchem man er selber nicht nur tatsächlich ist, sondern sich ihm, wie außer ihm stehend, wie ein anderer *gegenüber*stellt.

Wie andere Erlebnisse der übersinnlichen Welten machen auch den ‹Hüter der Schwelle› die verstärkten, in sich erkrafteten Seelenfähigkeiten schaubar. Denn abgesehen davon, daß die Begegnung mit dem ‹Hüter› für den hellsichtigen Geistesblick zum Wissen erhoben wird, ist diese Begegnung durchaus nicht ein Ereignis, das etwa nur für den geist-schauend gewordenen Menschen einträte. Genau derselbe Tatbestand, in dem diese Begegnung besteht, tritt für jeden Menschen jedesmal beim Einschlafen ein, und es dauert das Sich-selbst-Gegenüberstehen, das ganz gleich dem Stehen vor dem ‹Hüter der Schwelle› ist, so lange als der Schlaf dauert. Im Schlafe erhebt sich die Seele zu ihrer übersinnlichen Wesenheit. Ihre Innenkräfte sind dann aber nicht stark genug, um ein Bewußtsein ihrer selbst hervorzurufen. –

Für das Verständnis des übersinnlichen Erlebens, besonders in seinen zarten Anfängen, ist auch von besonderer Wichtigkeit, das seelische Augenmerk darauf zu lenken, daß die Seele bereits begonnen haben kann, Übersinnliches zu erleben, ohne daß sie ein nennenswertes Wissen davon sich zu bilden vermag. Es tritt die Hellsichtigkeit zuerst in sehr zarter Art auf. So, daß man oft in der Erwartung, fast Greifbares zu schauen, der hinhuschenden hellseherischen Eindrücke nicht achtet, sie durchaus nicht als solche anerkennen will. Sie treten dann so auf, daß sie ihr Vergessen-Werden schon vorbereiten, indem sie auftreten; sie kommen dann so schwach in das Bewußtseinsfeld herein, daß sie wie leichte Seelenwölkchen ganz unbeachtet bleiben. Weil dieses so ist, und weil man zumeist von der Geistes-Anschauung ganz anderes erwartet, als was sie zunächst ist, deshalb wird sie von vielen ernsten Suchern nach der geistigen Welt nicht gefunden. – Auch in dieser Beziehung ist die Begegnung mit dem ‹Hüter der Schwelle› wichtig. Wenn man die Seele gerade nach der Richtung der Selbsterkenntnis hin erkraftet hat, dann mag diese Begegnung selbst nur wie ein erstes zartes Vorüberhuschen einer geistigen Schau sein; man wird sie doch nicht so leicht dem Vergessen überliefern wie andere übersinnliche Eindrücke, weil man an der eigenen Wesenheit stärker als an anderem interessiert ist. – Es besteht aber durchaus keine Notwendigkeit, daß die Begegnung mit dem ‹Hüter› zu den ersten übersinnlichen Erlebnissen gehört. Die Erkraftung der Seele kann nach verschiedenen Richtungen hin erfolgen. Die ersten Richtungen, welche die Seele nimmt, können ihr auch vor dieser Begegnung andere Wesenheiten oder Vorgänge [wie im nächsten Abschnitt beschrieben] in den geistigen Blickekreis führen. Doch aber wird verhältnismäßig bald nach dem Eintritt in die übersinnliche Welt diese Begegnung stattfinden.» (GA 17, S. 45–51)

### WEITERE GRUNDERFAHRUNGEN IN DER TRAUMREGION

Wenn die ersten Schritte in die Traumregion getan sind, erlebt man notwendigerweise auch das Folgende: «Ja, du kannst schon hinein in diese Regionen, wo alles anders wird als im gewöhnlichen Bewußtsein. – Aber man fühlt zugleich, und tief fühlt man es: Ich will nicht. – In der Regel ist bei den meisten Menschen die Neugierde, da hineinzukommen, gar nicht so groß, daß sie überwinden könnten dieses schauerliche: Ich will nicht. Dieses Nichtwollen, das da auftritt, mit ungeheurer Macht tritt es auf in diesem Gebiete, das wir gerade jetzt berühren. Da können die mannigfachsten Mißverständnisse entstehen. Nehmen wir an, jemand habe sogar ganz persönliche Anweisungen bekommen. Er kommt zu demjenigen, der sie gegeben hat, und sagt: Damit erreiche ich gar nichts, deine Anweisungen sind gar nichts wert. – Das kann ein ehrlicher Glaube sein, ein ganz ehrlicher Glaube. Aber das, was als Antwort gegeben werden müßte, das kann ganz unverständlich demjenigen sein, der diesen ehrlichen Glauben hat. Die Antwort müßte nämlich sein: Du kannst schon hinein, aber du willst nicht. – Das ist wirklich die Antwort. Aber das weiß der andere ja nicht, er glaubt ja ehrlich, daß er den Willen hat, denn dieser Nichtwille selbst bleibt im Unterbewußtsein. So versteht er es nicht, daß er eigentlich nicht will. ... Denn dieser Wille ist recht fatal, sehr, sehr fatal. Nämlich dasjenige, was man da bemerkt, aber sobald man es bemerkt, auslöschen will, das ist: Mit dem Ich, mit dem Selbst, das du dir herangezogen hast, kannst du da nicht hinein.

Wenn der Mensch sich höher entwickeln will, so fühlt er sehr stark: Dieses Selbst mußt du zurücklassen. – Das aber ist etwas sehr Schwieriges, denn die Menschen hätten dieses Selbst nie ausgebildet, wenn sie nicht das tägliche Bewußtsein hätten. Das ist da, damit wir unser gewöhnliches Ich haben, das ist gekommen in die Welt, damit der Mensch sein niederes Selbst entwickelt. – Der Mensch spürt also, wenn er hinein will in die wirkliche Welt, daß er das zurücklassen soll, was er da draußen hat entwickeln können. Da hilft nur eines, ein einziges: daß dieses Selbst im täglichen Bewußtsein sich stärker entwickelt hat als es notwendig ist für das tägliche Bewußtsein. ... Nur dann hat man also nicht den Willen, zurückzubeben vor dieser höheren Welt, wenn man in seinen Übungen verstärkt und erkraftet hat das gewöhnliche Selbst, wenn man einen Überschuß an Selbstgefühl hat.» *(GA 146, S. 54–56)*

In all die höheren Erlebnisse, die der Mensch durch die genannten Vorbereitungen in der Traumregion hat, mischt sich nun aber «alles dasjenige von der physischen Umwelt herein, was eben eigentlich wie ein Überschuß in der Seele anderen, inneren, übersinnlichen Welten angehört, von denen der Mensch nur Kenntnis erhalten kann, wenn er eben dieses Bewußtsein entwickelt. Da macht der Mensch in der Tat die Erfahrung, die nur derjenige als Reminiszenz des täglichen Lebens beschreiben wird, der materialistisch gesinnt ist und als solcher keine Ahnung hat, wie eigentlich die Erfahrungen sind, die der Mensch dann macht. Denn die Welt schaut eben doch etwas anders aus, als sie aussieht, wenn man nur den physischen Plan um sich hat. Man macht die Entdeckung, daß man etwas sieht, was man eigentlich in der gewöhnlichen Welt nie sieht. Wenn man sich auch oftmals denkt, man sehe etwas, die Menschen glauben, sie sehen Licht, in Wahrheit sieht der Mensch ja auf dem physischen Plane nicht Licht, sondern er sieht Farben, Farbennuancen, hellere und dunklere Farben, er sieht nur die Wirkung des Lichtes, aber Licht selber durchschweift unsichtbar den Raum. Wenn der Mensch nur in den Raum, durch den das Licht geht, schaut, so sieht er das Licht nicht. Wir können uns ja leicht davon überzeugen durch das ganz grobklotzige Erlebnis, daß, wenn wir durch ein Fenster Licht lassen, wir eine Art Strahlenbündel im Zimmer sehen. Aber dann muß eben Staub in der Luft sein. Wir sehen den Widerglanz, die Reflexion des Lichtes, aber das Licht sehen wir nicht. Das Licht selbst bleibt unsichtbar. Jetzt aber, nach solchen Erfahrungen, bekommt man das Licht wirklich zu sehen, man nimmt es wirklich wahr. Das kann man aber erst, wenn man eben in die höheren Welten aufrückt. Dann ist man wirklich von flutendem Licht umgeben, wie man in der physischen Welt in flutender Luft ist. Nur kommt man nicht mit seinem physischen Leibe herauf, man braucht da oben nicht zu atmen, aber mit dem Teil seines Wesens kommt man herauf, welcher das Licht so braucht, wie der Leib in der physischen Welt die Luft braucht. Das Lebenselement ist da oben das Licht, man möchte sagen Lichtluft, die dort Bedürfnis des Daseins ist, wie die Luft Bedürfnis des Daseins ist für den Menschen der physischen Welt. Durchdrungen, durchsetzt wird dieses Licht in der Tat von so etwas, wie die Luft in unserem Umkreise durchsetzt ist von Wolkenbildungen. Die sind aber

Wasser. Doch dieses Wasser auf dem physischen Plane läßt sich auch mit etwas, was da oben ist, vergleichen. Dasjenige, was uns da entgegenkommt wie schwimmende, schwebende Gebilde im flutenden Licht, wie hier Wolken durch die flutende Luft schweben, das ist webender, lebender Ton, webendes Tongebilde, das ist Sphärenmusik. Und dasjenige, was man weiter wahrnehmen wird, das ist fließendes, webendes Leben selber. ...

Auch lernt man in der Welt, in die man da hineindringt, kennen die Abwesenheit des Lebenselementes, der nötigen Menge von Lichtluft und Luftlicht, dadurch, daß man sich beklommen fühlt, schmerzlich berührt fühlt in der Seele: ein Zustand, der sich vergleichen läßt mit dem Zustand auf dem physischen Plan, wenn man aus Luftmangel keinen Atem findet. Und auch den entgegengesetzten Zustand trifft man dort an, den Zustand wahrer, echter, man möchte sagen heiliger Lichtluft, den Zustand, zu leben in diesem Reinen, Heiligen, und zu schauen geistige Wesenheiten, die sich innerhalb dieser Lichtluft recht gut bemerkbar machen können und da ihr Wesen treiben. Es sind alle diejenigen Wesenheiten, die unter der Führung des Luzifer stehen. In dem Augenblicke, wo wir ohne gehörige Vorbereitung in diese Region hineinkommen, ... bekommt Luzifer die Macht, uns die Lichtluft zu entziehen. Er versetzt uns sozusagen seelisch in Atemnot. Das hat zwar nicht die Wirkung der Atemnot auf dem physischen Plane, sondern eine andere Wirkung, nämlich die, daß wir jetzt ... lechzen nach dem, was uns von dem geistigen Schatz, von dem geistigen Licht des physischen Planes kommen kann. Das ist nämlich gerade das, was Luzifer haben will: daß wir uns nicht befassen mit demjenigen, was von den höheren Hierarchien kommt, sondern dürstend hängen an dem, was er in den physischen Plan gebracht hat, wenn wir durch unsere Vorbereitung uns nicht genügend geschult haben. ...

Wie nimmt sich das aber im Konkreten aus? Nehmen wir an, irgend jemand macht Vorbereitungen, die ihn geführt haben dazu, in die höheren Welten wirklich hinaufzukommen, das heißt, diese obere Region wirklich zu erreichen. Aber nehmen wir an, er macht nicht die gehörigen Vorbereitungen dazu, vergißt zum Beispiel, daß der Mensch neben allen Übungen zugleich seine moralischen Empfindungen, seine moralischen Gefühle veredeln muß, daß der Mensch irdische, ehrgeizige Machtgefühle aus seiner Seele ausreißen muß – man kann in die höheren Welten hinaufkommen, auch wenn man ein ehrgeiziger, eitler, machtlüstiger Mensch ist, aber dann trägt man irdische Eitelkeit, irdische Machtlust in diese höheren Welten hinauf –, wenn ein Mensch so seine moralischen Empfindungen und Gefühle nicht geläutert hat, dann nimmt ihm oben Luzifer die Lichtluft, das Luftlicht. Dann nimmt man nichts wahr da oben von dem, was in Wirklichkeit oben ist, dann lechzt man nach dem, was unten auf dem physischen Plane ist; man atmet gleichsam dasjenige, was man auf dem physischen Plan hat wahrnehmen können. Man glaubt dann zum Beispiel, man überschaue dasjenige, was nur auf geistige Weise, eben in der Lichtluft, zu überschauen ist, nur dann zu überschauen ist, wenn man Luftlicht atmet. Man glaubt, verschiedene Inkarnationen verschiedener Menschen zu überschauen. Das ist aber nicht wahr, man überschaut sie nicht, weil einem eben Luftlicht fehlt. Man saugt aber wie lechzend, was unten auf dem physischen Plan vorgeht, herauf in diese Region und schildert allerlei Dinge, die man unten auf dem physischen Plan erworben hat, wie Vorgänge in höheren Welten. Es gibt sozusagen kein besseres, oder besser gesagt, kein schlimmeres Mittel, als mit irdischen, eitlen Machtgelüsten in die höheren Welten hinaufzuheben seine Seele. Wenn man das aber tut, so wird man niemals wahre Forschungsergebnisse aus diesen höheren Welten herunterbringen können, sondern was man herunterbringt, wird nur ein Scheinbild dessen sein, was man sich auf dem physischen Plan ausgedacht, ausgesonnen hat und dergleichen.

Da habe ich gleichsam nur die allgemeine Szenerie geschildert. Aber man begegnet auch Wesenheiten, die man elementarische Wesenheiten nennen kann. Während man hier in der physischen Welt von Naturkräften spricht, bekommen da oben diese Kräfte etwas Wesenhaftes. Und man macht vor allem da eine ganz bestimmte Entdeckung, man macht die Entdeckung – jetzt aber durch die Tatsachen, die einem entgegentreten –: ja, hier auf dem physischen Plan gibt es Gutes und Böses, da oben aber gibt es gute und böse Kräfte. Hier in der physischen Welt ist Gutes und Böses in der Menschenseele gemischt, vereint, bei dem einen mehr, bei dem andern weniger nach der guten Seite hin, da oben aber gibt es Wesenheiten, die als böse Wesenheiten gegen dasjenige kämpfen, was von Wesenheiten, die man gute Wesenheiten nennen muß, hervorgebracht wird. Man kommt da in eine Region hinein, wo man sozusagen das gesteigerte Selbstbewußtsein schon brauchen kann, wo man brauchen kann eine geschärfte Urteilskraft, die eben mit diesem gesteigerten Selbstbewußtsein verbunden sein muß. So daß man zum Beispiel wirklich sich sagen kann: Es müssen da oben auch Wesenheiten sein, die sozusagen die Mission des Bösen haben, neben den Wesenheiten, die die Mission des Guten haben.

Auf dem physischen Plane wird einem immer entgegnet: Warum hat denn die allweise Weltengottheit nicht bloß das Gute geschaffen, warum ist denn nicht immer und überall nur das Gute vorhanden? – Wenn nur das Gute vorhanden wäre, dann würde die Welt – davon überzeugt man sich – eine einseitige Richtung nehmen müssen, dann würde die Welt durchaus nicht all die Fülle hervorbringen können, die sie hervorbringt. Das Gute muß eine Widerlage haben. Gewiß, man kann das schon auf dem physischen Plane einsehen. Aber man lernt erkennen: Nur so lange kann man glauben, daß die guten Wesenheiten allein die Welt zu Rande bringen würden, solange man auskommt mit der Sentimentalität, mit der Welt der Phantasie. Mit der Sentimentalität kann man noch in der Region des Alltags auskommen, aber nicht, wenn man in die ernsten Realitäten der übersinnlichen Welt hineinkommt. Da weiß man, daß die guten Wesenheiten die Welt allein nicht machen könnten, daß sie zu schwach wären, um die Welt zu gestalten, daß beigesetzt werden müssen der gesamten Evolution diejenigen Kräfte, die aus den bösen Wesenheiten kommen. Das ist weisheitsvoll, daß das Böse beigemischt ist der Weltenevolution. Daher muß man neben die Dinge, die man sich abgewöhnt, die man bekämpft, auch das Abgewöhnen einer jeglichen Sentimentalität setzen. Man muß erkennen, daß das notwendig ist. Unerschrocken und mutig muß man jenen gefährlichen Wahrheiten entgegengehen können, die man einsieht durch das Wahrnehmen des Kampfes, der sich gerade in dieser Region abspielt, der einem da offenbart werden kann von seiten der guten und bösen Wesenheiten. Das alles sind solche Dinge, die man erlebt, wenn man seine Seele geeignet macht, bewußt in diese Region einzudringen. Aber dann sind wir eigentlich erst in die Traumregion hineingekommen.» *(GA 146, S. 66–70)*

Was aber muß der Mensch lernen, um als selbständiges Wesen in der elementarischen Region bestehen und sich zurechtfinden zu können? Die Antwort darauf sollen die nächsten Abschnitte geben.

## DIE GRUNDVORAUSSETZUNGEN FÜR DAS LEBEN UND ERKENNEN IN DER ELEMENTARISCHEN WELT, DER TRAUMREGION

«Wenn die Menschenseele bewußt in die elementarische Welt eintritt, so sieht sie sich genötigt, manche Vorstellungen, welche sie innerhalb der Sinneswelt gewonnen hat, zu verändern. Verstärkt die Seele ihre Kräfte entsprechend, so wird sie zu dieser Veränderung auch fähig. Nur wenn sie zurückscheut, diese Verstärkung sich zu erwerben, so kann sie von dem Gefühle befallen werden, beim Eintritte in die elementarische Welt den festen Boden zu verlieren, auf welchem sie ihr inneres Leben aufbauen muß. Die Vorstellungen, welche in der physisch-sinnlichen Welt gewonnen werden, bieten nur so lange ein Hindernis für den Eintritt in die elementarische Welt, als man sie genau so festhalten will, wie man sie in der Sinneswelt gewonnen hat. Es gibt aber keinen anderen Grund für ein solches Festhalten als die *Gewöhnung* der Seele. Es ist auch ganz naturgemäß, daß sich das Bewußtsein, das zunächst *nur* mit der Sinneswelt zusammenlebt, gewöhnt, die Gestalt seiner Vorstellungen für die einzig mögliche zu halten, welche sich an dieser Sinneswelt herausbildet. Und es ist sogar noch mehr als naturgemäß; es ist *notwendig*. Das Seelenleben würde niemals zu seiner inneren Geschlossenheit, zu seiner notwendigen Festigkeit kommen, wenn es nicht in der Sinneswelt ein Bewußtsein entwickelte, das in einer gewissen Beziehung in starren, ihm strenge aufgenötigten Vorstellungen lebte. Durch alles, was das Zusammenleben mit der Sinneswelt der Seele geben kann, ist diese dann in der Lage, in die elementarische Welt so einzutreten, daß sie in dieser ihre Selbständigkeit, ihre in sich geschlossene Wesenheit nicht verliert. Die Verstärkung, die Erkraftung des Seelenlebens muß erworben werden, damit diese Selbständigkeit beim Eintritte in die elementarische Welt nicht nur als unbewußte Seeleneigenschaft vorhanden ist, sondern auch im Bewußtsein klar festgehalten werden kann. Ist die Seele zu schwach für das bewußte Erleben der elementarischen Welt, so entschwindet ihr beim Eintritte die Selbständigkeit, wie ein Gedanke entschwindet, der zu schwach der Seele eingeprägt ist, um in deutlicher Erinnerung fortzuleben. In Wahrheit kann dann die Seele überhaupt nicht in die übersinnliche Welt mit ihrem Bewußtsein eintreten. Sie wird von jener Wesenheit, die in ihr lebt, und welche als der ‹Hüter der Schwelle› bezeichnet werden kann, immer wieder in die Sinneswelt zurückgeworfen, wenn sie den Versuch macht, in die übersinnliche Welt zu kommen. Und hat sie dabei doch an dieser Welt gleichsam genascht, so daß sie nach dem Zurücksinken in die Sinneswelt etwas von der übersinnlichen Welt im Bewußtsein zurückbehält, so wird durch eine solche Beute aus einem anderen Bereich oftmals Verworrenheit des Vorstellungslebens bewirkt. – Es ist ganz unmöglich, in eine solche Verworrenheit zu verfallen, wenn ganz besonders die gesunde Urteilskraft, wie sie in der Sinneswelt erworben werden kann, in entsprechender Art gepflegt wird. – Durch solches Erkraften der Urteilsfähigkeit wird das richtige Verhältnis der Seele zu den Vorgängen und Wesenheiten der übersinnlichen Welten entwickelt. Um in diesen Welten bewußt zu leben, ist nämlich ein Trieb der Seele notwendig, welcher in der Sinneswelt nicht in der Stärke zur Entfaltung kommen kann, in welcher er in den übersinnlichen Welten auftritt. Es ist der Trieb der *Hingabe* an dasjenige, was man erlebt. Man muß in dem Erlebnis untertauchen, man muß *eins* mit ihm werden können; man muß dies bis zu einem solchen Grade können, daß man sich außerhalb seiner eigenen Wesenheit erschaut und [sich] in der anderen Wesenheit drinnen fühlt. Es findet eine *Verwandlung* der eigenen Wesenheit in die andere statt, mit welcher man das Erlebnis hat. Wenn man diese Verwandlungsfähigkeit nicht hat, so kann man in den übersinnlichen Welten nichts Wahrhaftiges erleben. Denn alles Erleben beruht darauf, daß man sich zum Bewußtsein bringt: jetzt bist du in ‹dieser bestimmten Art› verwandelt, also bist du lebensvoll mit einem Wesen zusammen, das durch seine Natur die deinige in ‹dieser› Weise umwandelt. Dieses Sich-Umwandeln, dieses Einfühlen in andere Wesenheiten ist das Leben in den übersinnlichen Welten. Durch dieses Einleben lernt man die Wesenheiten und Vorgänge dieser Welten kennen. Man bemerkt auf diese Art, wie man mit der einen Wesenheit in dieser oder jener Art verwandt ist, wie man einer anderen durch seine eigene Natur ferner steht. Abstufungen von Seelenerlebnissen treten auf, die man – besonders für die elementarische Welt – als Sympathien und Antipathien bezeichnen muß. Man erfühlt sich zum Beispiel durch das Zusammentreffen mit einer Wesenheit oder einem Vorgange der elementarischen Welt so, daß in der Seele ein Erlebnis auftaucht, das man als Sympathie bezeichnen kann. In diesem Sympathie-Erlebnis erkennt man die Natur des elementarischen Wesens oder Vorgangs. Nur soll man sich nicht vorstellen, daß die Erlebnisse der Sympathie und Antipathie bloß in bezug auf ihre Stärke, ihren Grad in Betracht kommen. Bei den Sympathie- und Antipathie-Erlebnissen in der physisch-sinnlichen Welt ist es ja in einem gewissen Sinne so, daß man *nur* von einer stärkeren oder schwächeren Sympathie beziehungsweise Antipathie spricht. In der elementarischen Welt sind die Sympathien und Antipathien nicht nur durch ihre Stärke zu unterscheiden, sondern so, wie zum Beispiel in der sinnlichen Welt die Farben voneinander zu unterscheiden sind. Wie man eine vielfarbige Sinneswelt hat, so kann man eine vielartig-sympathische oder -antipathische elementarische Welt erleben. Auch dies kommt dabei noch in Betracht, daß ‹antipathisch› für das Reich des Elementarischen *nicht* den Beigeschmack hat, daß man sich von ihm innerlich abwendet; man muß da mit antipathisch einfach eine Eigenschaft des elementarischen Wesens oder Vorgangs bezeichnen, die zu einer sympathischen Eigenschaft eines anderen Vorganges oder Wesens sich ähnlich verhält, wie etwa in der Sinneswelt die blaue zu der roten Farbe.

Man könnte von einem ‹Sinne› sprechen, den der Mensch für die elementarische Welt in seinem ätherischen Leibe zu erwecken vermag. Dieser Sinn ist fähig, Sympathien und Antipathien in der elementarischen Welt wahrzunehmen, wie in der Sinneswelt das Auge Farben, das Ohr Töne wahrnimmt. Und wie in der Sinneswelt der eine Gegenstand rot, der andere blau ist, so sind die Wesenheiten der elementarischen Welt so, daß die eine diese Art von Sympathie, die andere jene Art von Antipathie in die Geistesschau hereinstrahlt.

Dieses Erleben der elementarischen Welt durch Sympathien und Antipathien ist wieder nicht etwas, was nur für die übersinnlich erwachte Seele entsteht; es ist für jede Menschenseele *immer* vorhanden; es gehört zum Wesen der Menschenseele. Für das gewöhnliche Seelenleben ist nur das Wissen von dieser Wesenheit des Menschen nicht ausgebildet. Der Mensch trägt in sich seinen ätherischen Leib; und durch diesen hängt er hundertfältig mit Wesenheiten und Vorgängen der elementarischen Welt zusammen. In dem einen Augenblick seines Lebens ist er in einer gewissen Art mit Sympathien und Antipathien in die elementarische Welt hineinverwoben; in einem anderen Augenblicke in einer anderen Art.

Nun kann aber die Seele nicht fortwährend als ätherische Wesenheit so leben, daß in ihr die Sympathien und Antipathien in deutlich ausgesprochener Art wirksam sind. Wie im Sinnessein der Wachzustand mit dem Schlafzustand abwechseln muß, so muß in der elementarischen Welt dem Erleben der Sympathien und Antipathien ein anderer Zustand entgegenstehen. Die Seele kann sich allen Sympathien und Antipathien entziehen und in sich selbst nur *sich* erleben, nur ihr eigenes Sein beachten, erfühlen. Ja, dieses Erfühlen kann eine solche Stärke erreichen, daß man von einem ‹Wollen› der eigenen Wesenheit sprechen kann. Es handelt sich da um einen Zustand des Seelenlebens, den man deshalb nicht leicht schildern kann, weil er in seiner reinen, ureigenen Natur von solcher Art ist, daß ihm in der Sinneswelt nichts anderes ähnlich ist als das starke, reine Ich- oder Selbstgefühl der Seele. Für die elementarische Welt kann man den Zustand so schildern, daß man sagt, die Seele fühle gegenüber der notwendigen Hingabe an die Sympathie- und Antipathie-Erlebnisse den Trieb, sich zu sagen: ich *will* auch ganz *nur* für mich, nur *in mir* sein. Und durch eine Art *Willensentfaltung* entreißt sich die Seele dem Zustande der Hingabe an die elementarischen Sympathie- und Antipathie-Erlebnisse. Für die elementarische Welt ist dieses In-sich-Leben gewissermaßen der Schlafzustand; während die Hingabe an die Vorgänge und Wesenheiten der Wachzustand ist. – Wenn die Menschenseele in der elementarischen Welt wach ist und den Willen zu dem Sich-Erleben entwickelt, also das Bedürfnis nach dem ‹elementarischen Schlaf› empfindet, so kann ihr dieser werden, indem sie in den Wachzustand des Sinnenerlebens mit vollentwickeltem Selbstgefühl zurücktritt. Denn dieses vom Selbstgefühl durchtränkte Erleben in der Sinneswelt ist eben der elementarische Schlaf. Er besteht in dem Losreißen der Seele von den elementarischen Erlebnissen. Es ist wörtlich richtig, daß für das übersinnliche Bewußtsein das Leben der Seele in der Sinneswelt ein geistiges Schlafen ist.

Wenn in der *richtig entwickelten* menschlichen Geistes-Schau das Erwachen in der übersinnlichen Welt eintritt, so bleibt die Erinnerung an die Erlebnisse der Seele in der Sinneswelt vorhanden. Diese Erinnerung muß vorhanden bleiben, sonst wären in dem hellsichtigen Bewußtsein wohl die anderen Wesenheiten und Vorgänge vorhanden, nicht aber die eigene Wesenheit. Man hätte dann kein Wissen von sich; man lebte nicht selbst geistig; es lebten in der Seele die anderen Wesenheiten und Vorgänge. Man wird, dies bedenkend, begreiflich finden, daß die richtig entwickelte Hellsichtigkeit einen großen Wert legen muß auf die Ausbildung des starken ‹Ich-Gefühls›. Man entwickelt in diesem Ich-Gefühl mit der Hellsichtigkeit durchaus nicht etwas, was erst durch die Hellsichtigkeit in die Seele kommt; man lernt eben nur dasjenige erkennen, was in den Seelentiefen immer vorhanden ist, aber für das gewöhnliche, in der Sinneswelt verlaufende Seelenleben unbewußt bleibt.

Das starke ‹Ich-Gefühl› ist *nicht* durch den ätherischen Leib als solchen vorhanden, sondern durch die Seele, welche sich in dem physisch-sinnlichen Leib erlebt. Bringt es die Seele nicht von ihrem Erleben in der Sinneswelt in den hellsichtigen Zustand hinein mit, so wird sich ihr zeigen, daß sie für das Erleben in der elementarischen Welt nicht zureichend gerüstet ist.

Es ist dem menschlichen Bewußtsein innerhalb der Sinneswelt wesentlich, daß das Selbstgefühl der Seele (ihr Ich-Erleben), trotzdem es vorhanden sein muß, abgedämpft ist. Dadurch hat die Seele die Möglichkeit, innerhalb der Sinneswelt die Schulung für die edelste sittliche Kraft, für das *Mitgefühl*, zu erleben. Ragte das starke Ich-Gefühl in die bewußten Erlebnisse der Seele innerhalb der Sinneswelt hinein, so könnten sich die sittlichen Triebe und Vorstellungen nicht in der richtigen Weise entwickeln. Sie könnten nicht die Frucht der *Liebe* hervorbringen. Die Hingabe, dieser naturgemäße Trieb der elementarischen Welt, ist nicht dem gleich zu achten, was man im menschlichen Erleben als Liebe bezeichnet. Die elementarische Hingabe beruht auf einem *Sich*-Erleben in dem anderen Wesen oder Vorgang; die *Liebe* ist [dagegen] ein Erleben des andern in der eigenen Seele. Um dies Erleben zur Entfaltung zu bringen, muß in der Seele über das in ihren Tiefen vorhandene Selbstgefühl (Ich-Erlebnis) gewissermaßen ein Schleier gezogen sein; und in der Seele, welche in bezug auf ihre eigenen

Kräfte abgedämpft ist, ersteht dadurch das In-sich-Fühlen der Leiden und Freuden des anderen Wesens; es erkeimt die Liebe, aus der echte Sittlichkeit im Menschenleben erwächst. Die Liebe ist für den Menschen die bedeutsamste Frucht des Erlebens in der Sinneswelt. Durchdringt man das Wesen der Liebe, des Mitgefühls, so findet man in diesen die Art, wie das Geistige in der Sinneswelt sich in seiner Wahrheit auslebt. Es ist hier gesagt worden, daß es zum Wesen des Übersinnlichen gehört, sich in ein anderes zu verwandeln. Wenn das Geistige im sinnlich-physisch lebenden Menschen sich so verwandelt, daß es das Ich-Gefühl abdämpft und als Liebe auflebt, so bleibt dieses Geistige seinen eigenen elementarischen Gesetzen treu. Man kann sagen, daß mit dem übersinnlichen Bewußtsein die Menschenseele in der geistigen Welt aufwacht; man muß aber ebenso sagen, daß *in der Liebe das Geistige innerhalb der Sinneswelt aufwacht*. Wo Liebe, wo Mitgefühl sich regen im Leben, vernimmt man den Zauberhauch des die Sinneswelt durchdringenden Geistes. – Deshalb kann niemals die richtig entwickelte Hellsichtigkeit das Mitgefühl, die Liebe abstumpfen. Je richtiger die Seele sich in die geistigen Welten einlebt, desto mehr empfindet sie die Lieblosigkeit, den Mangel an Mitgefühl als eine Verleugnung des Geistes selbst. –

Die Erfahrungen des schauend werdenden Bewußtseins zeigen in bezug auf das Vorgesagte [vorher Gesagte] ganz besondere Eigentümlichkeiten. Während das Ich-Gefühl – das aber für das Erleben in den übersinnlichen Welten notwendig ist – leicht sich abdämpft, oft sich [dort] wie ein schwacher, verlöschender Erinnerungsgedanke verhält, werden Gefühle des Hasses, der Lieblosigkeit, werden unsittliche Triebe zu starken Seelenerlebnissen gerade nach dem Eintritte in die übersinnliche Welt; sie stellen sich vor die Seele wie lebendig gewordene Vorwürfe hin, werden gräßlich wirkende Bilder, [vgl. auch die Ausführungen über den «Hüter der Schwelle», S. 167f.]. Um dann von diesen Bildern nicht gequält zu sein, greift das übersinnliche Bewußtsein oft zu dem Auskunftsmittel, sich nach geistigen Kräften umzusehen, welche die Eindrücke dieser Bilder abschwächen. Damit aber durchdringt sich die Seele mit diesen Kräften, welche verderblich wirken auf die erworbene Hellsichtigkeit. Sie treiben diese von den guten Gebieten der geistigen Welt ab und lenken sie zu den schlechten hin.

Auf der anderen Seite sind die wahrhaftige Liebe, das rechte Wohlwollen der Seele auch solche Seelen-Erlebnisse, welche die Kräfte des Bewußtseins in dem Sinne verstärken, wie es für den Eintritt in die Hellsichtigkeit notwendig ist. Wenn davon gesprochen wird, daß die Seele eine Vorbereitung braucht, bevor sie in der übersinnlichen Welt Erfahrungen machen kann, so darf hinzugefügt werden, daß zu den mannigfaltigen Vorbereitungsmitteln auch die wahre Liebefähigkeit, die Neigung für echtes menschliches Wohlwollen und Mitgefühl gehören.

Ein übermäßig entwickeltes Ich-Gefühl in der Sinneswelt wirkt der Sittlichkeit entgegen. Ein Ich-Gefühl, welches zu schwach entwickelt ist, bewirkt, daß die Seele, die tatsächlich von den Stürmen der elementarischen Sympathien und Antipathien umkraftet ist, der inneren Sicherheit und Geschlossenheit entbehrt. Diese können nur vorhanden sein, wenn in den ätherischen Leib, der dem gewöhnlichen Leben unbewußt bleibt, ein genügend starkes Ich-Gefühl von dem sinnlich-physischen Erleben aus hineinwirkt. Zur Entwickelung einer echt sittlichen Seelenstimmung ist aber notwendig, daß dieses Ich-Gefühl, obwohl es vorhanden sein muß, doch abgedämpft wird durch die Neigungen zu Mitgefühl und Liebe.» *(GA 17, S. 52–60)*

## DIE BEGEGNUNG MIT DEM
## «GROSSEN HÜTER DER SCHWELLE»

Und was ist nun der eigentliche Sinn dessen, daß sich der Mensch mit seinem entwickelten Traumbewußtsein in der elementarischen Welt bewußt und erkennend aufhalten kann, das heißt, welche tiefere Bedeutung hat dieses für den einzelnen Menschen oder sogar für die Menschheit? Eine sorgfältige geisteswissenschaftliche

Betrachtung der Begegnung des Menschen mit dem «großen Hüter der Schwelle» kann diese so überaus wichtige Frage beantworten.

Wir haben im Vorangehenden gehört, daß der Mensch durch seinen ätherischen Leib hundertfältig mit Wesenheiten und Vorgängen in der elementarischen Welt zusammenhängt (siehe Seite 177). So hat der spirituell fortgeschrittene Geistesschüler – und bei seiner Entwicklung läßt sich das am besten beobachten – bald nach der Begegnung mit dem «kleinen Hüter der Schwelle» eine Begegnung mit dem «großen Hüter der Schwelle», und zwar dann, wenn sich der Mensch aus «allen sinnlichen Banden» *(s. GA 10, S. 211)* befreit hat und sich in den nächsthöheren geistigen Welten bewußt aufhalten könnte, die er ja unbewußt jede Nacht erlebt – wie im Abschnitt «Die Schlaferlebnisse der Seele» (S. 71ff.) genauer dargestellt. Diesem Menschen nun sagt der «große Hüter der Schwelle» etwa folgendes:

«‹Du hast dich losgelöst aus der Sinnenwelt. Dein Heimatrecht in der übersinnlichen Welt ist erworben. Von hier aus kannst du nunmehr wirken. Du brauchst um deinetwillen deine physische Leiblichkeit in gegenwärtiger Gestalt nicht mehr. Wolltest du dir bloß die Fähigkeit erwerben, in dieser übersinnlichen Welt zu wohnen, du brauchtest nicht mehr in die sinnliche zurückzukehren. Aber nun blicke auf mich. Sieh, wie unermeßlich erhaben ich über all dem stehe, was du heute bereits aus dir gemacht hast. Du bist zu der gegenwärtigen Stufe deiner Vollendung gekommen durch die Fähigkeiten, welche du in der Sinnenwelt entwickeln konntest, solange du noch auf sie angewiesen warst. Nun aber muß für dich eine Zeit beginnen, in welcher deine befreiten Kräfte weiter an dieser Sinnenwelt arbeiten. Bisher hast du nur dich selbst erlöst, nun kannst du als ein Befreier alle deine Genossen in der Sinnenwelt mitbefreien. Als einzelner hast du bis heute gestrebt; nun gliedere dich ein in das Ganze, damit du nicht nur dich mitbringst in die übersinnliche Welt, sondern alles andere, was in der sinnlichen vorhanden ist. Mit meiner Gestalt wirst du dich einst vereinigen können, aber ich kann kein Seliger sein, solange es noch Unselige gibt! Als einzelner Befreiter möchtest du immerhin schon heute in das Reich des Übersinnlichen eingehen. Dann aber würdest du hinabschauen müssen auf die noch unerlösten Wesen der Sinnenwelt. Und du hättest dein Schicksal von dem ihrigen getrennt. Aber ihr seid alle miteinander verbunden. Ihr mußtet alle hinabsteigen in die Sinnenwelt, um aus ihr heraufzuholen die Kräfte für eine höhere. Würdest du dich von ihnen trennen, so mißbrauchtest du die Kräfte, die du doch nur in Gemeinschaft mit ihnen hast entwickeln können. Wären sie nicht hinabgestiegen, so hättest es auch du nicht können; ohne sie fehlten dir die Kräfte zu deinem übersinnlichen Dasein. Du mußt diese Kräfte, die du *mit* ihnen errungen hast, auch mit ihnen teilen. Ich wehre dir daher den Einlaß in die höchsten Gebiete der übersinnlichen Welt, solange du nicht *alle* deine erworbenen Kräfte zur Erlösung deiner Mitwelt verwendet hast.› ...

Entschließt er sich [der Eingeweihte], den Forderungen der höheren Lichtgestalt zu folgen, dann wird er beitragen können zur Befreiung des Menschengeschlechts. ...» *(GA 10, S. 211–213)*

Und wenn sich der Eingeweihte dazu entschlossen hat, dann ahnen wir, wer diesen Entschluß gefaßt hat: Es ist der ewige Wesenskern des Menschen, der ja auch im Traum wirklich tätig ist, während sich die chaotischen Traumhandlungen in seiner Seele abspielen (siehe auch den Abschnitt «Das Traumbewußtsein als chaotisches Gegenbild geistiger Erfahrung», S. 117ff.). Und in der Tat: es ist das wahre Ich des Menschen. Denn der Geistesschüler, der die höchste Erkenntnisstufe, die Intuition, erreicht hat, «lernt dadurch sich selbst in derjenigen Gestalt kennen, die er als geistiges Wesen in der seelisch-geistigen Welt hat. Er hat sich zu einer Wahrnehmung seines höheren Ich durchgerungen, und er hat bemerkt, wie er weiter zu arbeiten hat, um seinen Doppelgänger den [kleinen] ‹Hüter der Schwelle› zu beherrschen. Dieser ‹große Hüter der Schwelle› wird nun sein Vorbild, dem er nachstreben will. Wenn diese Empfindung in dem Geistesschüler auftritt, dann hat er die Möglichkeit erlangt, zu erkennen, *wer* da eigentlich als der ‹Große Hüter der Schwelle› vor ihm steht. Es verwandelt sich nämlich nunmehr dieser Hüter in der Wahrnehmung des Geistesschülers in die Christus-Gestalt, deren Wesenheit und Eingreifen in die Erdenentwicklung ... [ihm deutlich wird]. Der Geistesschüler wird dadurch in das erhabene Geheimnis selbst eingeweiht, das mit dem Christus-Namen verknüpft ist. Der Christus zeigt sich ihm als das ‹große menschliche Erdenvorbild›, [das die selbstlose Liebe zur Schöpfung in Vollkommenheit verkörpert]. – Ist auf solche Art durch Intuition der Christus in der geistigen Welt erkannt, dann wird auch verständlich, was sich auf der Erde geschichtlich abgespielt hat in der vierten nachatlantischen Entwickelungsperiode der Erde (in der griechisch-lateinischen Zeit). Wie zu dieser Zeit das hohe Sonnenwesen, das Christus-Wesen, in die Erdenentwickelung eingegriffen hat und wie es nun weiterwirkt innerhalb dieser Erdenentwickelung, das wird für den Geistesschüler eine selbsterlebte Erkenntnis. Es ist also ein Aufschluß über den Sinn und die Bedeutung der Erdenentwickelung, welchen der Geistesschüler erhält durch die Intuition.» *(GA 13, S. 394/395)*

Nach dem Tode des Christus erlebte Paulus bei Damaskus auf hellseherische Weise den auferstandenen Christus in der Erdenätherwelt. «Da war er überzeugt davon, daß der von den Mysterien erwartete Herabstieg des Christus zur Erde sich wirklich vollzogen hatte. Das, was Paulus erlebt hatte, die Anwesenheit des Christus in der Erdenatmosphäre, das ist dasjenige, was ein durch esoterische Schulung hellseherischer Mensch heute künstlich erleben kann, das ist auch das, was eben durch natürlich gewordenes Hellsehen einzelne Menschen werden erleben können, ...» *(GA 118, S. 51)*

«Jetzt leben wir [nämlich] einer Zeit entgegen, wo sich auf natürliche Weise wieder entwickeln werden, zu dem entwickelten Selbstbewußtsein hinzu, gewisse hellseherische Fähigkeiten. Die Menschen werden das Eigentümliche und Merkwürdige erleben, daß sie eigentlich nicht wissen werden, wie es ihnen ist! Die Menschen werden anfangen, Ahnungen zu bekommen, die sich verwirklichen werden, Ereignisse vorauszusehen, die sie treffen werden. Die Menschen werden überhaupt anfangen, nach und nach das wirklich zu sehen, wenn auch schattenhaft und in den ersten Elementen, was wir den Ätherleib des Menschen nennen. Heute sieht der Mensch nur den physischen Leib. Das Sehen des Ätherleibes wird nach und nach hinzutreten als etwas, von dem die Menschen entweder gelernt haben werden, daß es eine Realität hat, oder von dem sie denken werden, daß es Sinnestäuschung sei, daß es das gar nicht gibt. So weit wird das gehen, daß manche sich bei solchen Erlebnissen fragen werden: Bin ich denn verrückt?

... Diese Fähigkeiten werden sich verhältnismäßig rasch entwickeln bei einer geringen Anzahl von Menschen. Es ist ja allerdings wahr: Durch eine esoterische Schulung kann der Mensch schon heute weit über das hinaufsteigen, was sich da in kleinen Anfängen für alle Menschen vorbereitet. Aber das, wozu der Mensch heute künstlich durch entsprechende Schulung aufsteigen kann, das bereitet sich wenigstens in kleinen Anfängen für die ganze Menschheit vor wie etwas, wovon man wird reden müssen, ob man es nun verstehen wird oder nicht, in den Jahren 1930 bis 1940.» *(GA 118, S. 48/49)**

«Das Ereignis von Damaskus wird sich dann für viele wiederholen, und wir können dieses Ereignis eine Wiederkunft des Christus nennen, eine Wiederkunft im Geiste. Der Christus wird für die Menschen, die hinaufsteigen können bis zum Sehen des Ätherleibes, da sein. Denn bis zum Fleische ist der Christus nur einmal heruntergestiegen: damals in Palästina. Aber im Ätherleibe ist er immer vorhanden in der Ätheratmosphäre der Erde. Und weil die Menschen sich zum Äthersehen entwickeln werden, deshalb werden sie ihn schauen. So ergibt sich die Wiederkunft des Christus dadurch, daß die Menschen hinaufsteigen zu der Fähigkeit, den Christus zu schauen im Ätherischen.» *(GA 118, S. 51)* «Denn wahr ist der Ausspruch, den der Christus getan hat: ‹Ich bin bei euch alle Tage bis ans Ende der Erdenzeiten› [Matth. 28,20]. Er ist da, er ist in unserer geistigen Welt, und besonders Begnadete, die

---

* Siehe dazu auch: «Sie erlebten Christus» (Herausgegeben von G. Hillerdal und B. Gustafsson), Verlag Die Pforte, Basel 1979.

können ihn immer wahrnehmen in dieser geistig-ätherischen Welt.» *(GA 118, S. 27)*

Dieses größte und bedeutendste Ereignis darf nicht spurlos an der Menschheit vorübergehen. «Denn würde es spurlos an der Menschheit vorübergehen, so würde die Menschheit eine wichtige Entwickelungsmöglichkeit verlieren, und sie würde in Finsternis, in das Verdorren versinken. Licht kann es [das Ereignis der Wiederkunft] nur bringen, wenn die Menschen aufwachen für das neue Wahrnehmen und so auch dem neuen Christus-Ereignis sich öffnen.» *(GA 118, S. 53)*

Ohne das bewußte ätherische Wahrnehmen des Christus als einen Lebendigen und Gegenwärtigen in der ätherischen Welt würden wir also den Zusammenhang mit ihm verlieren und könnten uns nie mit ihm vereinigen, was ja das Ziel der Menschheitsentwicklung in ferner Zukunft ist. Daher ist es unendlich wichtig, daß neben der okkulten Schulung und der esoterischen Weiterentwicklung des Traumbewußtseins, die nur von relativ wenigen Menschen angestrebt werden, ein allgemeinerer Wille entsteht, «allmählich eine Menschheit heranzubilden, die reif sein möge, diese neuen Fähigkeiten in sich auszubilden und sich damit erneut mit dem Christus zu verbinden. Denn sonst müßte die Menschheit dann lange, lange warten, bis ihr wieder solch eine Gelegenheit gegeben werden könnte. Lange Zeit müßte sie warten: bis zu einer Wiederverkörperung der Erde. Ginge die Menschheit vorüber an diesem Ereignis der Wiederkunft des Christus, dann würde das Anschauen des Christus im Ätherleibe auf diejenigen beschränkt werden, welche sich durch eine esoterische Schulung [und die Weiterentwicklung des Traumbewußtseins gehört ja dazu] willig erweisen, sich zu einem solchen Erleben zu erheben. Das Große aber, daß für die allgemeine Menschheit, für alle Menschen diese [neuen] Fähigkeiten errungen würden, daß dieses große Ereignis [der Wiederkunft Christi] verstanden würde durch die natürlich entwickelten Fähigkeiten [des neuen Äthersehens] aller Menschen, das würde für lange, lange unmöglich.» *(GA 118, S. 29/30)*

So sehen wir, daß sich der Mensch durch die Läuterung seines Traumbewußtseins in der geistigen Welt zu seiner wahren inneren, selbständigen Wesenheit erheben kann, um – vereint mit dem wiederkommenden Christus – mitzuhelfen an der Entwicklung der Menschheit.

# SCHLUSSWORT

Dieses Buch möchte für die Leserinnen und Leser eine Anregung und vielleicht auch eine Hilfe sein, das eigene Traumbewußtsein weiterentwickeln zu können und *wachend* teilzunehmen an den geistig-seelischen Prozessen, die die Menschheit nach und nach dem göttlichen Entwicklungsziel, der neuerlichen Vereinigung mit der göttlichen Welt, wieder entgegenführen.

Mir ist beim Studium des im letzten Kapitel (S. 184ff.) angeführten Bandes der Gesamtausgabe (GA 118) klargeworden, warum Rudolf Steiner in so liebevoller Art und immer wieder über den Traum gesprochen hat: der Traum ist der Ausgangspunkt für den Menschen, dem wiedererscheinenden Christus bewußt begegnen zu können. Und hat der Mensch die natürliche Fähigkeit des Träumens weiterentwickelt, so hat er damit einen kleinen, aber mitentscheidenden Beitrag zum Fortgang der Menschheitsentwicklung geleistet.

Je länger und tiefer man sich aus anthroposophischer Sicht mit dem Traum, dem Träumen und dem Träumenden befaßt, desto ehrfurchtsvoller schaut man auf das Traumgeschehen, kündet es doch von einem zutiefst bedeutungsvollen geistigen Geschehen. Gelingt es uns, unsere eigenen Träume zu durchschauen, zu analysieren und damit uns und unsere persönlichen Entwicklungsprobleme zu erkennen, so werden wir erfahren, daß klar erkannte Träume eine heilende Wirkung auf den Träumer haben können. Ist nicht allein dadurch schon der Traum ein großes Geschenk für uns?

Daß viele Leserinnen und Leser dies empfinden und zu eigenen Erfahrungen gelangen können, dazu möchte diese Arbeit beitragen!

*Herbert Senft*

# TITELÜBERSICHT

## VERWENDETE BÄNDE
## DER RUDOLF STEINER GESAMTAUSGABE
nach Bibliographie-Nummern

Sämtliche Bände der Rudolf Steiner Gesamtausgabe sind erschienen im Rudolf Steiner Verlag, Dornach / Schweiz.

GA-
Nr.   Titel, mit Seitenhinweisen auf die Zitate in der vorliegenden Ausgabe

10  Wie erlangt man Erkenntnisse der höheren Welten? (1904/05), (24. Aufl. 1993)
    Kap. «Über einige Wirkungen der Einweihung» S. 36f.
    Kap. «Veränderungen im Traumleben d. Geheimschülers» S. 143, 144ff.
    Kap. «Leben und Tod. Der große Hüter der Schwelle» S. 160, 182f.

13  Die Geheimwissenschaft im Umriß (1910), (30. Aufl. 1989)
    Kap. «Schlaf und Tod» S. 16, 19f., 25
    Kap. «Der Traumzustand» S. 22
    Kap. «Die Erkenntnis der höheren Welten» S. 183f.

17  Die Schwelle der geistigen Welt (1913), (7. Aufl. 1987)
    Kap. «Von dem Erkennen der geistigen Welt» S. 134ff.
    Kap. «Von dem ‹Hüter der Schwelle› und einigen Eigenheiten des übersinnlichen Bewußtseins» S. 163ff.
    Kap. «Von dem Ich-Gefühl und von der Liebefähigkeit der menschlichen Seele ...» 174ff.

25  Kosmologie, Religion und Philosophie (1922), (3. Aufl. 1979)
    Kap. «Schlaferlebnisse der Seele» S. 71ff.

61  Menschengeschichte im Lichte der Geistesforschung (2. Aufl. 1983)
    Vortrag Berlin 23. 11. 1911 S. 54ff., 88ff.

67  Das Ewige in der Menschenseele. Unsterblichkeit und Freiheit (2. Aufl. 1992)
    Vortrag Berlin 7. 2. 1918 S. 46f., 47
    Vortrag Berlin 14. 3. 1918 S. 17
    Vortrag Berlin 21. 3. 1918 S. 13f., 23ff., 25, 59ff., 87f., 108, 122f.

82 Damit der Mensch ganz Mensch werde (2. Aufl. 1994)
Vortrag Den Haag 9. 4. 1922   S. 108f.

95 Vor dem Tore der Theosophie (4. Aufl. 1990)
Vortrag Stuttgart 2. 9. 1906   S. 25f., 146ff.

100 Menschheitsentwickelung und Christus-Erkenntnis
(2. Aufl. 1981)
Vortrag Kassel 17. 6. 1907   S. 32f., 33
Vortrag Kassel 19. 6. 1907   S. 33ff., 35f., 37f.

102 Das Hereinwirken geistiger Wesenheiten in den Menschen
(3. Aufl. 1984)
Vortrag Berlin 11. 6. 1908   S. 109

118 Das Ereignis der Christus-Erscheinung in der ätherischen Welt
(3. Aufl. 1984)
Vortrag Karlsruhe 25. 1. 1910   S. 185f., 186
Vortrag Heidelberg 27. 1. 1910   S. 184f., 185, 186

146 Die okkulten Grundlagen der Bhagavad Gita (4. Aufl. 1992)
Vortrag Helsingfors 30. 5. 1913   S. 148ff., 168f.
Vortrag Helsingfors 31. 5. 1913   S. 169ff.

147 Die Geheimnisse der Schwelle (5. Aufl. 1982)
Vortrag München 26. 8. 1913   S. 161f., 163
Vortrag München 31. 8. 1913   S. 160f., 161

154 Wie erwirbt man sich Verständnis für die geistige Welt?
(2. Aufl. 1985)
Vortrag Berlin 18. 4. 1914   S. 123f., 124ff., 126ff., 129, 130ff., 133f.
Vortrag Paris 25. 5. 1914   S. 138ff.

157 Menschenschicksale und Völkerschicksale (3. Aufl. 1981)
Vortrag Berlin 22. 6. 1915   S. 75f., 76f., 93ff.
Vortrag Berlin  6. 7. 1915   S. 77f., 78f., 79

158 Der Zusammenhang des Menschen mit der elementarischen Welt
(4. Aufl. 1993)
Vortrag Dornach 20. 11. 1914   S. 98ff., 101f., 102f., 103f.

162 Kunst- und Lebensfragen im Lichte der Geisteswissenschaft
(1. Aufl. 1985)
Vortrag Dornach 29. 5. 1915   S. 49

215 Die Philosophie, Kosmologie und Religion in der Anthroposophie
(2. Aufl. 1980)
Vortrag Dornach 12. 9. 1922   S. 20f.
Vortrag Dornach 15. 9. 1922   S. 46

225 Drei Perspektiven der Anthroposophie (2. Aufl. 1990)
Vortrag Dornach 22. 7. 1923   S. 104f.
Vortrag Dornach 22. 9. 1923   S. 29

227 Initiations-Erkenntnis (3. Aufl. 1982)
Vortrag Penmaenmawr 22. 8. 1923   S. 9, 26ff., 30f., 38ff., 40f., 52ff., 61f.
Vortrag Penmaenmawr 24. 8. 1923   S. 80f., 81ff.
Vortrag Penmaenmawr 26. 8. 1923   S. 41ff.

228 Initiationswissenschaft und Sternenerkenntnis (2. Aufl. 1985)
Vortrag Stuttgart 14. 9. 1923   S. 17f.
Vortrag Stuttgart 16. 9. 1923   S. 47ff., 49f., 50ff.

234 Anthroposophie – Eine Zusammenfassung nach einundzwanzig
Jahren (6. Aufl. 1994)
Vortrag Dornach 8. 2. 1924   S. 62ff.

235 Esoterische Betrachtungen karmischer Zusammenhänge –
Erster Band (8. Aufl. 1994)
Vortrag Dornach 2. 3. 1924   S. 18

243 Das Initiaten-Bewußtsein (5. Aufl. 1993)
Vortrag Torquay 12. 8. 1924   S. 105ff.
Vortrag Torquay 16. 8. 1924   S. 117, 118f., 119f., 120f., 121f.

257 Anthroposophische Gemeinschaftsbildung (4. Aufl. 1989)
Vorträge Dornach 3. u. 4. 3. 1923   S. 57f.

273 Geisteswissenschaftliche Erläuterungen zu Goethes «Faust»,
Band II: Das Faust-Problem (4. Aufl. 1981)
Vortrag Dornach 28. 9. 1918   S. 83ff., 142f.

303 Die gesunde Entwickelung des Menschenwesens (4. Aufl. 1987)
Vortrag Dornach 25. 12. 1921   S. 110f., 111ff., 116